Valencians contra la Fil·loxera

Pràctiques vitícoles tradicionals
i innovacions agronòmiques

Anaconda Editions
Samuel Ros, 16, 16
46023 Valencia
editions@anacondaeditions.com

Primera edició: 2011
Segona edició: Octubre 2011
© Joan C. Martín i Martínez
www.joancmartin.com

Disseny gràfic i maquetació
Vicent Guillamon i Clemente
guillamon.crea@gmail.com

Dipósit Legal: B. 23136-2011
ISBN: 978-84-937044-1-4

Valencians contra la Fil·loxera

Pràctiques vitícoles tradicionals
i innovacions agronòmiques

Joan C. Martín i Martínez

Pròleg

Diu l'autor d'aquest llibre que de menut s'imaginava la fil·loxera com una figura aterridora que recorria les vinyes i atacava els ceps amb unes grans urpes tentaculars, arrancant-los la vida i arruïnant el món dels seus avantpassats. Tanta era la malesa que havia sentit contar, als seus oncles -avis, els quals encara van conèixer, i patir, els anys més difícils de destrucció i reconstitució de les vinyes, que aquella imatge de malson el va acompanyar durant anys. Per això, i altres coses, el seu relat de la lluita dels valencians contra aquest insecte i la malaltia que produeix en els ceps, té la vinculació emotiva i de reconeixença envers els seus ancestres.

Però la seua història comença prou dècades abans que tot això, amb l'èpic rellançament de la vinya al nostre país. ¿Quantes vegades, en anar per la muntanya, ens hem preguntat qui — i com — aniria a aquells bancals més alts, hui perduts i incultes, en paratges tan encaramitats vora els cingles de muntanya on ara trobem, en tot cas, algun sofert garrofer o els ullastres arrelats vora el marge? Joan C. Martin, ens revela com l'impuls inusitat del comerç del vi va portar el llaurador a conquerir els costers més inhòspits, quan la fil·loxera deixava devastats els ceps dels territoris del voltant com França i Catalunya. Segurament encara hui trobem els rastres d'aquest fenomen a les terres baixes, o els hem vist, admirats, en les fotografies del vol americà del 1956 (1). En aquestes fotografies podem reconèixer els terrenys puntejats de ceps prop de la costa, terrenys ara colonitzats pel taronger, quan no per les instal·lacions turístiques dels 60 i altres dècades posteriors, encara molt més destructives.

A partir d'aquest escenari, el llibre desborda la mera transmissió d'informacions sobre una època, o un episodi d'eixa època. El títol no ens ha de portar a l'engany. No es tracta,

(1) Els prologuistes es refereixen a un document, mostra de la seua gran erudició, que te Espanya de gran importància històrica i arqueològica, una foto - cartografia aèria realitzada per la USAF en 1956 de forma perfecta que realitzà una cobertura sistemàtica a escala 1/38.000 i 1/40.000 de tot el territori espanyol, la importància històrica es fonamental. L'any 1956 es un moment anterior a les grans mutacions urbanes i industrials on el paisatge, estava, encara, marcat per les estructures heretades de la edat mitjana, i l'arribada de l'època moderna, un territori sub - actual al que podem veure ara. A aquesta cartografia aèria, es poden veure l'antiga parcel·lació així com la divisió territorial mes ancestral (nota de l'autor).

solament, d'un treball purament tècnic i descriptiu de processos. Ans al contrari, rememora una cultura històrica, mirada des d'allò col·lectiu, on es reflecteixen persones i personatges, nissagues, treballs, afinitats i solidaritats, en una lluita comuna front a la temuda fil·loxera, xucladora de l'arrel dels ceps, que va destruir dos mil anys de conreu de vinya. Aquest llibre combina hàbilment la narració amb la mostra de dades, descriu amb realisme, els processos de treball, però, amb la creativitat narrativa indispensable del cronista per a fer el relat més proper, i fa que la passió de l'autor pel tema tractat, encomane l'interés del lector.

La narració reflexiva sobre la pròpia experiència de l'autor, rememorada amb lucidesa i generositat ens aporta la riquesa del «jo vaig estar allí»: escoltant; no des d'una prosa asseverativa o des d'una innocència literària, sinó des del valor de la informació directa front a l'estereotip de la neutralitat objectiva. Des de la seua infantesa en el si d'una família viticultora, gràcies a la informació recollida dels seus avantpassats, combinada amb les nombroses notes d'investigació al camp, els més de trenta anys de treball vinícola professional i els testimonis històrics directes de persones del Vinalopó, l'Alcoià, la Marina, l'Alt Millars, la Plana d'Utiel - Requena, i el Camp de Morvedre, amb qui l'autor va conversar els anys de la dècada de 1980, el llibre ens dibuixa el mapa no només històric, sinó sobretot etnològic dels estralls de la fil·loxera al País Valencià.

Altres autors han parlat de la rellevància social de la vinya i el vi en la societat rural valenciana, on només el conreu de la vinya per a consum familiar ja donava lloc a una dispersió per tota la geografia del nostre país, incloent les terres d'horta. No debades, els recomptes de Cavanilles a final del segle XVIII molt excepcionalment parlen de pobles on no s'hi cultivava el raïm. Això ens pot donar idea de la importància cabdal del vi i la vinya en els fonaments de la cultura popular valenciana i l'impacte que hagué de tindre la fil·loxera en el món rural quotidià.

S'ha de celebrar —amb copa i tot, és clar— la publicació d'un treball com el que ací ens presenta Joan C. Martin, enòleg i escriptor nombrosament guardonat, però sobretot, expert reconegut en la cultura del vi, que ha estat capaç de mostrar en aquest llibre, amb una acurada mirada etnològica, tot un univers de relacions al voltant de vi. Enfocant les formes de la vida quotidiana, l'autor ens endinsa en tot un món de valors, costums, concepcions, institucions i processos de treball que definirien una època concreta de la nostra història i, fins i tot, visibilitza l'aportació de les dones en aquesta empresa titànica de redreçar el conreu. Aportació rellevant que massa sovint ha estat desconsiderada.

Per sort aquest llibre quedarà com a testimoni i homenatge de tantes persones i tants anys d'esforç, de lluita i enginy perseverant contra l'adversitat. Ha estat un honor conéixer de primera mà el mecanoscrit original d'aquest llibre que ompli un buit per a aquells que ens estimem el paisatge essencial i mediterrani, físic i humà, del món del vi, i per als qui no hem conegut en primera persona els rigors de la seua dura feinada —ni segurament la compensació de l'acostament a la terra—, però sí els beneficis del seu tast i els lligams socials que produeix.

Raquel Ferrero
Museu Valencià d'Etnologia.
Diputació de València

Toni Torregrossa
Unitat de Normalització Lingüística.
Diputació de València

Als meus nebots Vicent i Alberto, amb moltíssima estima

"Los labradores gozan ya de los beneficios de vuestro govierno y nada les resta sino recoger el fruto de vuestras luces".

Oda aulica dedicada al ministre d'agricultura francés M. Chaptal. Home d'estat i químic. (1756-1832)

En les desfetes es mostra més coratge que en les victòries

Sean A. O'Fearna Martin (John Ford) cineasta americà - irlandès (1894-1973)

Agraïments

Amb especial estima, vull agrair als amics fidels que han recolzat la meua tasca de divulgació literària de la cultura del vi; a Emili Marín director de la revista Saó tants anys, rector, teòleg, ciutadà i valencianista, a Rafa Marí, Adolf Beltran, Rafael Prats Rivelles i Vicent Sanchis, tots cinc, bons periodistes que dignifiquen la seua professió, complint el màxim decàleg d'un professional, fer-ho bé i fer el bé. A Pau Peréz Rico, Abel Segura, Jose A. Guill, German Lozano, Julian Lerin, i Miguel Camacho d'El Corte Inglés de València, que tant fan per la cultura del vi en general, i pel meu treball en particular. A Arnau Cònsul treballador de la cultura i bon editor, i als bons amics, fidels al país i a les persones, Vicente Moret, Manolo Fornés, Lola Ausina, Alejandro Mañes, Encarna Llisto, Andrés Paños, Santos Ruiz, Manuel M. Sanchis, i a Vicent Alonso, a qui li agrada el bon vi, tant com Montaigne, i que els ha fet llegir en català tan be com en francès.

I a Joaquin Arias Cervera de la llunyana i estimada terra *del Bierzo*, per la seua passió per l'agricultura que li ha fet recuperar Novelda (les Valls del Vinalopó) com a territori per a la *vitis vinifera* que la fil·loxera va exterminar fa 107 anys, gracies a la seua magnifica Heretat de Cesilia. A Raquel Ferrero i Toni Torregrosa pel seu generós pròleg i per la seua aferrissada defensa d'aquest treball des que el conegueren a l'octubre del 2010 com a membres d'un jurat literari. I com sempre, des de el primer llibre *Manual de vinos valencianos*, al magnífic fotògraf Jesús Ciscar per poder il·lustrar el llibre amb la foto del autor.

Joan Clotaldo Martín i Martínez

València 9 de Octubre de 2010

Quadres i mapes

Quadre nº 1. Pàg. 29
Obtingut del llibre "Relación de los trabajos hechos desde Rafael Janini y Janini. Excma. Diputación de Valencia. Imprenta Fco. Vives Mora, València 1908.

Quadres: nº 7 i 8. Pàg. 70 i 73
Confecció pròpia obtinguda per la suma de les dades de sistemes propietat viticola del llibre "La vid y el Vino en el Pais Valenciano. J. Piqueras Institució Alfons el Magnànim. València.

Esquema botànic. Pàg. 84
Disseny Avla Vinícola de València

CEP. Pàg. 107
Confecció pròpia, original d'Avla Vinícola de Valencia.

Mapa nº 1. Pàg. 131
Arribada de la Fil·loxera al País Valencia, confecció pròpia.

Mapa nº 2. Pàg 140
Mapa demostrativo del estado de la invasion filoxerica en la provincia de Valencia en diciembre de 1907. R. Jainini y Janini. "Relacion de los trabajos hechos… Diputación de Valencia. Imprenta Fco. Vives Mora. València 1908.

Manifeste el meu agraïment amb aquest esmentats treballs, on es publicaven les dades i esquemes esmentades, que han fet possible explicar millor la situació històrica tractada a aquest llibre.

Joan C. Martín

Índex

Pròleg. Pàg 5
Per Raquel Ferrero i Toni Torregrosa.

Agraïments. Pàg 13

Quadres i Mapes. Pàg 15

Introducció. Pàg 19

Capítol 1er. Pàg 27
El context vitivinícola europeu al 1862.

Capítol 2n Pàg 47
El context vitivinícola valencià (ascens i caiguda del vinyet valencià).

Capítol 3er. Pàg 61
La propietat de les vinyes: mitgers, parcers, emfiteutes i menuts viticultors.

Capítol 4r. Pàg 85
Pràctiques vitícoles tradicionals.

Capítol 5é. Pàg 111
Veremes i transport.

Capítol 6é. Pàg 117
Vinificacions; tradició oral i mitologia popular.

Capítol 7é. Pàg 139
L'arribada de la fil·loxera.

Capítol 8é. Pàg 149
Apocalipsi i innovacions agronòmiques.

Capítol 9é. Pàg 161
Després de l'apocalipsi.

Postsricptvm. Pàg 173

Bibliografia. Pàg 176

Introducció

La fil·loxera va ser la catàstrofe més gran de l'agricultura europea en vint segles, junt amb la crisi de la creïlla a Irlanda i la seua posterior *"great famine"*, amb la diferencia que Irlanda, va concentrar la quasi totalitat de la tragèdia, mentre que la plaga vitícola, assola tot Europa.

Aquest llibre, conta els efectes que va produir sobre la estructura agrària valenciana quan la plaga assolava Europa i el terrible impacte, quan envaí el País Valencià a partir de 1904, 41 anys després de la primera destrucció de vinyes a França.

Aquest llibre deu tant a la investigació bibliogràfica, la d'arxius històrics i biblioteques publiques, com a la de les transmissions orals, que l'autor ha rebut en més 30 anys de treball com a vinater i escriptor de vins, recollint les històries i manifestacions de les persones que transmetien, a la seua vegada, les rebudes dels seus pares, oncles i avis. Però, també i fonamentalment a la memòria transmesa per la meua família de viticultors de Xest, on jo vaig passar la meua infantessa, en un mon agrícola que no havia rebut la mecanització, a Xest va trigar gaire, ben entrada la dècada de 1960, que es quan començaren a desaparèixer muls i carros, i la vida i les pràctiques culturals dels viticultors, varen rebre un de canvi impactant, de d'alt a baix, des de el llavoreig, fins a l'alimentació.

Jo vaig tindre la sort de nàixer en una família plena de valors i capacitats. La meua família xestana de viticultors eren gent exemplar. Eren gent humil, molt treballadora, d'ells la gent del poble deien que *"havien hecho un buen troso de pan"* gracies a la seua capacitat de treball, estalvi i honestedat. Era una família sana, bona gent, d'una peça, senzilla, humil, molt intel·ligent, que s'estimaven la terra i l'agricultura (els agradava molt la feina agrícola). Eren també gent molt dura, durs com l'acer, i resistents, jo els vaig conèixer sempre treballant, de sol a sol, no hi havia ni diumenges, ni festes, tot era per tirar endavant la casa. Sempre amb ànim, i amb bon humor, sorrenc, irònic front a l'adversitat. A més, eren molt estalviadors. Ma tia m'ensenyà moltes coses, i deia entre altres ensenyances, "*no t'olvides mante que los dineros se tenen, más que de ganarlos, de no gastarlos*". Jo vaig aprendre amb ells, i d'ells, totes les bones pràctiques de la vinya, i la cura i l'estima per aquesta, i el seu conreu, si em dedique aquesta estimada tasca del vi, és per això, ben raó tenia el Proust, quan deia "la pàtria de cada home es la seua pròpia infantessa". Si això es així, la meua està en les vinyes de El Riuet, Los Visos, l'Alt del Vaste, Los Pinos Veros, El Pinar, Las Amoladoras, La Muela, i per suposat les meues estimades L'Ermela i La Garrama. Com que, a més a més, la família de ma mare era originària de Xera i Set Aigües (ma mare va nàixer al Reatillo, un lloc preciós), i tenien família a La Portera, vaig rebre també, d'ells una bona transmissió de les histories de la fil·loxera a Utiel - Requena. La Portera era un mar de boval, i algunes garnatxes!.

Una historia terrible de quan la fil·loxera arriba a les vinyes valencianes

La primera vegada que vaig sentir parlar de la fil·loxera, va ser una vespra de sant Lluc finals de la dècada de 1950, quan jo tenia quasi 8 anys, al costat de l'estufa a la cuina, (a l'octubre a Xest ja fa fred), on ma tia coïa el sopar, i on la gent gran contava histories, "*eso es como cuando antaño la bicha mató las plantas al Riuet*". Jo vaig preguntar que era això de la "*bicha*", però, no em digueren massa. Aquests viticultors són gent prudent i de les tragèdies del passat no parlaven gaire, ni tan sols per a explicar les heroïcitat dels seus pares i avis. Mon tio Paco "el Cordiales", que havia treballat la vinya de nen, amb el seu pare i oncle, quan al 1909 la fil·loxera assolava Xest i Xiva (varen ser dos dels principals focus en intensitat i expansió), em va explicar una poc més, era un home molt simpàtic i el més gran treballador, junt amb els meus pares, que jo he conegut en la meua vida, i he conegut un bon grapat de gent molt treballadora. Mon tio Paco s'estimava dues coses en la vida; la seua família i l'agricultura. A més, va ser un home compromès amb la seua època, lluità pel progrés social i la cultura, un d'eixos agricultors valencians, que tenien ben present la cultura i la responsabilitat social dels ciutadans en la defensa dels valors de llibertat, igualtat i solidaritat. El seu fill, i padrí meu, Clotaldo (duia el seu nom en honor al meu avi, son tio, Clotaldo Martín Andrés, un home de gran valor, xestà, i l'heroi republicà de la família). El meu padrí, com deia, era un viticultor molt hàbil i bon coneixedor de la vinya, va ser un dels primers subscriptors a Espanya de la revista "El Correu de la UNESCO". A casa de los Cordiales sempre hi havia bona lectura, revistes d'informació general, on es podia llegir coses interessants i tot allo liberal, que permetia l'època, a més de la revista de la UNESCO esmentada, hi havia " *Sabado Grafico, 7 Fechas,* Destino i algun Gorg que altre.

Per mon tio, em vaig assabentar de les coses terribles de la plaga fil·loxèrica, i com varen treballar, què sentien, i el què pensaren quan arriba la tragèdia i com lluitaren, la solidaritat que necessitaren per a sobreviure, i la solidaritat que desenvoluparen; la conjugada. També per l'oncle - avi Ancieto que vivia al carrer Godelleta, prop de l'estació de Xest, la casa pairal del meu clan, on havia nascut el meu avi. En resum, una història exemplar de grandesa i enteresa, davant de l'adversitat, per part d'una gent senzilla i humil, la gent del poble valencià d'aleshores, viticultors amb pràctiques vitícoles tradicionals, i civilitzades per la seua cura i estima a la vinya i la terra. Quan aquell octubre tornàvem a València, li vaig preguntar a mon pare, que s'havia criat dècades enrere amb el seu oncle, (com s'estimaven tots dos!) que era això de la fil·loxera, ell havia sentit les mateixes histories molt abans que jo a la dècada de 1930, quan tenia 9 anys, (es va criar també amb el tio Paco i la seua estimada tia María) i el procés estava, naturalment, més proper. Com que el tren de Xest a València que havíem agafat (provinent de Conca, "*el semidirecto*") trigava més d'un hora en arribar a l'estació del Nord de València, mon pare em va explicar amb més detalls, la història. Era un gran narrador, mon pare, precís, pedagògic, realista, il·lusionador, que et feia sentir admiració pel valors grans de la vida, humà en la comprensió del que havien patit els afectats, però, sempre destacant els seus valors de lluita, solidaritat, dignitat, duresa i esperança. Entre la foscor dels camps que es desplegaven a l'altre costat de la finestra del vago, i el fum i la carboni-la que la maquina de vapor del semidirecte, llançava, bufant amb força i xocant amb el vidre, jo em vaig imaginar la *"bicha"*, la maleïda fil·loxera, mentre el *semidirecto* s'endinsava per les terres d'El Llano (Loriguilla), com un gran monstre que caminava per la nit, sortint, de les fosses, forats i entranyes de la terra, per a matar tot el que trobara per davant; ceps, arbres, muls, gossos, homes, nens. Jo el vaig vore com eixe monstre imaginari, però, exterminador de la pel·lícula *"Forbidden Planet"* (1956) del director Fred Mc Leod Wilcox, els monstres mítics del subconscient, els monstres de Ilo. Mon pare em va dir que la fil·loxera era un insecte, un paràsit, que era un cuc i també una crisàlide, però, jo no trobava la relació entre això, i els cucs de seda que jo tenia en una capsa de sabates i que menjaven fulles de morera. Era un nen imaginatiu, que s'assabentava d'una cosa nova, i qui la va imaginar, va ser la meua subconsciència

Més tard, vaig saber, que la destrucció la va produir un cuc, un simple cuc, que amb la seua gana mortal, es menjava les arrels. Més tard, vaig comprendre que va ser una catàstrofe ecològica i més tard, com ja va insinuar Charles J. Sullivan, al seu magnífic treball *"Zinfandel" a history of a grape anf its wine.* (Berkeley, 2003), i sobre tot el mestre Luis Hidalgo (*Tratado de viticultura general Madrid, 1993*), vaig entendre, la relació que va haver, entre les practiques hortícoles per a incrementar industrialment la producció de les plantes i la plaga. I molt més tard quan la vaig estudiar en profunditat, vaig comprendre, que va succeir realment i per què. La responsabilitat de tots, en una època de creixement econòmic - financer sense control, en una era de *laissez fer*, on la cobdícia i l'ambició financera i caciquil dels operadors, que dominaven el sector, va ser la mà de ferro, la mà dura, que va conduir la viticultura europea i el negoci de vi, a la catàstrofe. Aquesta ambició, es la causa que realment va produir el desastre, en importar el ceps americans per a plantar-los a Europa, per traure molt més quilos, a costa de la qualitat primer, i després de la mateixa vinya.

Capítol I
El context vitivinícola europeu

Al 1863, es detectaren a França, els primeres símptomes de la fil·loxera (1) al finalitzar la poda d'unes vinyes de Valcluse (Gard). Un mes després, al mateix departament, unes vinyes de La Bocastel, al riu Roine, estaven greument afectades. A la següent collita, el departament de Gard tingué una davallada del 60% de la producció vitícola. Set anys després, el 90% de la regió de la Provença, amb una superfície vitícola de més de 490.000 hectàrees, estava irremissiblement afectada i part del Llenguadoc – Rosselló (450.000 ha.) també.

En aquell moment França tenia una superfície vitícola de 2,517.000 hectàrees. Al 1906, quan la crisi fil·loxèrica estava superada, França solament tenia 1,771.904 hectàrees.

(1) La fil·loxera va ser una plaga produïda per un cuc que destruïa les arrels de la planta. Era un paràsit que vingué a Europa amb la *vitis* americana de la qual era paràsit simbiòtic. En pocs anys destruí la viticultura europea, que es va refer plantant els peus americans als qual s'empeltaven les vares europees..

(*Servicio vitícola de la Excma. Diputación provincial de Valencia, Rafael Janini, 1908, Imprenta F. Vives*). En aquest període (1863-1870) la producció vinícola francesa tingué, naturalment també, una davallada espectacular, fet que significà una oportunitat per als vins de La "*Region Vitivinícola de Levante*", com era conegut aleshores el territori vitivinícola del País Valencià, i les seves zones afamades (Alacant, Utiel, Benicarló, Xest, La Marina). Al 1875, França produí, (quan la fil·loxera havia afectat quasi el 50 % dels vinyets) 83,6 milions de hectolitres, i al 1889, quan el percentatge de vinyets fil·loxèrats era del 85%, solament 23, 2 milions de hectolitres (*The Oxford Companion Wine, Jancis Robinson, Oxford University Pres. 1994*).

Al quadre adjunt, del *Servicio Viticola de la Excma. Diputación Provincial de València*, confeccionat per Rafael Janini i Janini, s'adonem de l'envergadura apocalíptica del procés, tant per la davallada de la producció vinícola a França com per la quantitat de vi exportat des de el País Valencià, però també d'una qüestió inexplicada: ¿Per què "*La Región Vitivinícola de Levante*" es va lliurar de la plaga fins a 1904 (dels últims lloc d'arribada a Espanya)?. Per què es va convertir en un *Shangri-la* vitícola?. Un país amb una superfície contínuament creixent de vinyes sanes. Això li va permetre vendre les seves produccions de vi a una Europa, Espanya inclosa, aterrida

Quadre 1, de la producció agrícola de la regió de llevant, anys 1874-1906

Anys	Oli	Vi Utiel	Vi Xest	Vi Benicarló	Vi Alacant	Producció França (En Milions D'hls)
1874	11,95	16,75	22,05	25	26,5	63,1
1875	14,45	7,7	17,4	17,75	20,5	83,6
1876	14,9	16,66	17,4	15	18,2	42,9
1877	15,4	15	28	25	18,2	56,4
1878	15,05	15	28	25	18,2	48,7
1879	15,2	16,85	28	25	36,25	75,8
1880	13	33,35	33,75	37,5	43,18	29,7
1881	11	33,35	32	40	40	34,1
1882	11,25	21,65	25	32,5	31,5	30,9
1883	12,2	29,45	32,5	32,5	29,5	36
1884	12,25	21,65	27,5	30	36,25	34,8
1885	12	33,35	34,8	40	27,25	28,6
1886	11,75	31,65	27,5	35	36,25	25
1887	12	20	17,5	20	22,7	24,3
1888	12	16,65	16,25	20	22,7	30,1
1889	15,5	10,15	13	30	31,8	23,2
1890	15	25	27,5	25	28	27,4
1891	12	9,15	11	22,5	12	30,1
1892	12,65	8,35	7,5	17,5	13	29
1893	13	10	10	15	9	50,1
1894	12	9,1	11	12,5	11	39
1895	14,48	12,25	14	7,5	11	26,7
1896	14,5	16,1	16,6	15	18	44,6
1897	16	16,5	17,1	15	21	32,3
1898	15	17,75	19,25	20	18	32,3
1899	13,25	14,85	14,25	17,5	18	47,9
1900	15,5	14,45	14,6	15	14,5	67,3
1901	15,1	10,8	12	12,5	18,2	57,9
1902	14,25	13,5	12,65	10	15	39,8
1903	12,4	18	21,45	22,5	22,5	35,4
1904	13	18,5	20,65	27,5	22	66
1905	13,5	10,1	11,1	10	14	57,8
1906	14,1	15,75	13,45	17,5	15,9	5

Són cotitzacions màximes en pessets de l'època per hectòlitres.

per la destrucció pandèmica de les vinyes i la falta de vi. A la resta de França, i diverses regions vitícoles espanyoles, on la fil·loxera va arribar entre 1870 i 1890, la producció estava reduint-se sense que es veiés el final del problema.

Al 1863 Espanya tenia 1,597.000 hectàrees. de vinya per fer vi, al 1877 quan la fil·loxera ja era present a Catalunya (Tarragona, Penedès, Empordà) i Andalusia (serres de Màlaga i Granada) la superfície vitícola continua creixent fins assolir el seu màxim històric, 2,024.619 ha, (Hidalgo, *Tratado de viticultura general, Madrid 2002*) increment produït per la gran demanda de vins de França i Alemanya. El País Valencià, protagonista assenyalat d'aquets creixement, va arribar a tenir 254.000 hectàrees. Solament la província de València superava les 100.000 hectàrees, doncs uns anys abans, a la divisió provincial de Javier del Burgo, s'havia afegit la part castellana de la comarca d'Utiel – Requena; el senyoriu de Xinarques: (Xera, El Reatillo, Xinarques,) pertanyia al Regne de Valencia, des de la seua conquesta per part de Jaume I, abans de la seua entrada a Valencia, el 1238, doncs el rei va donar Pere Fernández d'Azagra la baronia de Xelva, el 2 d'agost de 1237, (Enric Guinot, "Els limits del regne" Edicions Alfons el Magnànim, Diputació Provincial de Valencia), que incloïa Toixa i Xinarques, els dos termes particulars que han delimitat la frontera amb Castella fins al segle XIX en que s'incorpora la resta de la comarca.

A Europa, el conreu de la vinya i l'elaboració del vi eren una de les principals activitats dels països occidentals i no solament dels mediterranis, doncs el sud d'Anglaterra tenia una important superfície vitícola. El seu pes en l'economia, era superior al d'ara. Al 1880, el 80% de la població de França, Portugal, Espanya i Itàlia, estava directament relacionada amb la economia vitivinícola *(Hugh Jhonson & Jancis Robinson a Atlas Mundial del Vino, editorial Blume, Barcelona, 2009)*, i el que es més important, el seu valor social era determinant a l'estructura demogràfica, era una condició definitiva en l'arrelament dels camperols al territori i també de la seua pròpia subsistència. Al País Valencià, un 30% de la seua producció vinícola (4,510.000 d'hectolitres al 1863) eren de producció domèstica, es a dir, elaborats en cellers casolans, en masos, alqueries i cases al propi nucli urbà dels pobles, destinada a l'auto abastiment.

Es pot considerar l'època que va des de 1850 a 1864 com l'era daurada del vi europeu. I des d'una visió tecno – enològica, és sens dubte la més important. Els factors que convertiren els vins del Renaixement (en certa forma, una evolució del vi llatí – medieval), que perduraren fins a ben entrat el segle XVIII, en un vi modern, són: la creació de la xarxa ferroviària, la creació de l'enologia moderna, la industrialització de l'envasat, la cultura gastronòmica i les practiques hortícoles aplicades a la vinya. Aquests factors, crearen i possibilitaren una demanda de vi no mai vista. Per tant, va créixer la superfície vitícola i la demanda a l'Europa occidental (2), i també, per tant, l'interés en augmentar la rendibilitat i l'increment de la producció de raïm per cep i hectàrea. Va ser, com a altres sectors, una transició consumada al capitalisme. Tot plegat, va conduir, en una era on predominava el pensament de *"laissez fer"*, a la crisi de la fil·loxera. La cobdícia i la manca de control es varen unir-se, espiralment, produint un cas, clar, d'allò, que els especialistes en processos anomenarien "empitjorament per millora".

De tots els factors esmentats adés, sobre la creació de l'edat d'or de la vinicultura europea, els dos primers (la creació de la xarxa ferroviària i la creació de l'enologia moderna) són els més importants, doncs donaren, com a conseqüència de la seua aplicació, l'evolució, per necessitat dels altres.

---

(2) L'Europa danubiana i central, estava molt endarrerida, fins al segle XVIII les fronteres amb l'imperi otomà (les *krajines*) estaven ben prop de les zones del Danubi mitja, això va impedir el seu desenvolupament. Els països de la mar Negra i dels Balcans estigueren en mans dels otomans durant una bona part del segle XIX.

La creació de la xarxa ferroviària europea va possibilitar, en el cas del vi, que la seua distribució, no depengués ja dels ports i els vaixelles i del transport en carro dels tonells i de cuirs, únic sistema de transport possible aleshores. Al 1850 la xarxa europea de ferrocarrils ja connectava les principals àrees de producció amb les grans ciutats i ports. Es possible que, tal i com alguns estudiosos diuen, les línees de ferrocarril, recolliren un tràfic ja preexistent, especialment a França, on una arrelada xarxa de canals, venia a completar el tràfic dels rius navegables. Però, com va manifestar a l'època de la seua construcció a Espanya, l'enginyer Domingo Cardenal, *"Las vías de ferrocarril, estan llamadas a desarrollar la producción, a aumentar la riqueza del país que atraviesan"*. Un exemple d'aquesta visió de l'enginyer Cardenal és l'efecte sobre una regió vinícola clàssica –la Borgonya- de la Europa vitivinícola, que romania endarrerida pels conflictes politics del passat recent. El Ducat de la Borgonya estava molt endarrerit a causa de la Revolució Francesa, doncs les seues explotacions, que eren majoritàriament monàstiques (Clos de Vougeot, Clos du Chapitre), restaren abandonades o expropiades, especialment a l'època de la Convenció.

La Borgonya va connectar-se ferroviàriament amb París al 1851, possibilitant l'eixida comercial i la seua recuperació.

Si a Bordeus va ser definitiva la classificació dels dominis vinícoles de 1855 i l'exposició universal, a la Borgonya, el ferrocarril va ser la clau de sortida. Émile Zola va ser un dels seus predicadors més convençuts a Europa, conquerit per els *crus* dels *lieu dits* d'Echezaux, Côtes de Beaune i també perqué son pare (Franz Zola), havia estat el pioner de la instauració del ferrocarril a l'imperi austro - hongarès (la primera línea connectava Budweis-Trojanov).

París dominava el comerç del vi a Suïssa, la Bèlgica valona, l'occident d'Alemanya (Saar, Mosel, Rheïn Hessen), i una part del mediterrani espanyol, tant com Anglaterra dominava el comerç internacional. Al 1840 França tenia 3.000 km de via fèrria dels 7.000 construïts al mon, i al 1863 ja havia arribat al 80.000 km. La primera línea internacional de ferrocarril connectà Aquisgrà amb Bèlgica al 1843, i al 1848 les línies franceses quedaren connectades amb les alemanyes, fet que permetia viatjar des de la Vall del Roine al mar Bàltic sense baixar del mateix tren. Al 1874, quan s'inicia la gran demanda de vins valencians a França, el País Valencià tenia ja 800 km de ferrocarril de via ampla espanyola, i una part d'aquesta xarxa s'havia posat a prova amb un primera època d'activitat exportadora de vi, a final de la dècada de 1850, al moment dels inicis del ferrocarril valencià.

Les línees que seguiren a la primera que anava de Xàtiva, al Grau de Valencia (1854), expliquen la matèria que motiva la seua construcció: Almansa - Alacant (1858), Xàtiva - Almansa (1859), doncs conectaven zones vinícoles entre si i amb els ports d'exportació.

Tan important, i relacionada amb la creació del transport per ferrocarril, va ser la logística de vendre els vins envasats, posats en una ampolla de vidre tancada per un tap de suro.

Al segle XVII, la manufacturació del vidre, ja havia conegut un avanç després a l'emigració de mestres vidriers italians, a Catalunya i França, on escamparen la tècnica del bufat i refredament al motle, que permetia fer sèries d'ampolles de taxonomia prou regular. El segle XVIII va conéixer un progrés que la perfeccionà, i al mateix temps aparegué la manufacturació del suro, que oferí a l'indústria vinícola, un tap segur i ergonòmicament adequat, al procés de tancar l'ampolla. Fins a eixe moment les ampolles, o més be les gerres (quasi sempre de fang), solament eren envasos de servei a taula. El vi envasat, canvia, també, la logística vinícola, fins a l'aparició del vi envasat, el vi era transportat en bocois de fusta, i emmagatzemat a més de en tonells, en cuirs, bòtes de pell i encara en cànters, àmfores. El poder lliurar al mercat capses de fusta amb ampolles de vi, va produir una racionalització del comerç i el seu consum. Les marques, primer iniciant el reconeixement del celler i l'origen, estabilitzaren la fidelització de la demanda envers un determinat tipus de vi, doncs, per exemple, el Bordeus lliurat a l'engros per a l'exportació a Anglaterra era ben diferent del que es consumia embotellat a França, doncs al mercat de Londres es demanava a *"l'anglesa"*, es a dir, reforçant el vi d'una barrica de vi de Bordeus de 225 litres, amb 30 litres de vi d'Alacant o de Benicarló, 1 litre d'aiguardent i 5 litres de most.

Un altre factor positiu dels fenòmens del transport de ferrocarril i del la generalització de l'envasa't, va ser la sostenibilitat regular dels beneficis per als cellers, gràcies a les tarifes comercials en destí, amb el preu de vendes estable, basades en l'economia d'escala, que incloïen les despeses i els marges de l'estructura implicada en el procés logístic, des de l'elaboració fins la distribució.

L'aparició del procés d'envasat, produí també, una altra millora, doncs, gràcies al procés enològic d'oxidació – reducció del vi, que es produïa dins d'una ampolla, després de haver-ho envellit en una bòta durant mesos. Una vegada envasat, el vi millorava a l'ampolla amb el temps, doncs tenia un gust i sabor, més arrodonit, equilibrat fi i suau, amb *"bouquet"*. El concepte *bouquet* va sorgir amb aquesta nova qualitat vinícola, i també la del *"vin de garde"*, doncs s'havia observat, que, el temps que es reservava una ampolla, millorava la qualitat. Château Haut- Brion de Bordeus, va ser el primer en establir, de forma sistemàtica aquest procés.

L'enologia moderna començà, en aquest temps daurat de la vinicultura, amb la creació de la ciència de la microbiologia. Gay - Lussac i Pasteur son els primers enòlegs moderns. Gay - Lussac va elaborar, al 1849, la seua coneguda formula matemàtica clau en les fermentacions, paraula que va sorgir en aquell temps i que des d'aleshores es va incorporar al vocabulari vinícola (del llatí *fervere*; bullir). Fins eixe moment en que naix la enologia moderna, l'observació del procés, havia estat sempre empírica, doncs veien que el most es feia tèrbol, es calfava, bullia, fermentava, i es convertia en vi. La fórmula expressada per Gay-Lussac, diu: de 100 grams de sucre, 51,34 es convertiran en alcohol i 48,16 en gas carbònic que, finalitzada la vinificació, s'evaporava. El coneixement del procés gràcies a aquesta formula va significar un avanç gegantí, doncs permetia parametritzar-lo. Mesurant la densitat del most es podia preveure l'alcohol final del vi. I no va ser l'únic, els coneixements arribaren en torrent: poc després, Louis Pasteur va enunciar que la fórmula de Gay - Lussac, es podia aplicar al 90 % del les substàncies. Altres apareixien com a resultat de les analítiques de Pasteur: glicerol, àcid làctic, àcid tartàric, àcid acètic. Aquest últim va ser un dels motius que Pasteur es dediqués a la investigació enològica. Napoleó III va sol·licitar l'ajut de Pasteur, al 1860, per a evitar la degradació qualitativa de les exportacions de vins (especialment de la Borgonya) a Anglaterra. Després del tractat de lliure canvi franc - britànic del 1860, el mercat angles va estar inundat de vins francesos, i els de la Borgonya arribaren majoritàriament en bótes de 228 litres. Molts d'ells sofrien una malaltia coneguda com *"amertume"*, que consistia en la descomposició microbiana de la glicerina del vi. Es notava de seguida al tast, en una barreja, prou desagradable, d'amargor i acidesa volàtil. A més, altres partides havien incrementat tant, la seua acidesa volàtil (l'acètica) que les acostava al procés d'avinagrament. Els cellers utilitzaven una pràctica per a evitar el problema, que era pintar les tonells, amb una pintura d'ocre amb una solució de coure. És aquesta la raó, per què les bótes han estat pintades, i en la major part dels casos, de roig. Buscaven evitar l'entrada d'oxigen pels porus de la fusta de la bóta, doncs havien observat que a les que estaven pintades, el procés es retardava prou.

Els anys abans de l'arribada de la fil·loxera, varen ser, per tant, els del descobriment de l'enologia, com procés de control qualitatiu a l'elaboració, criança i envasat, i com a mètode per a la certificació de la qualitat de cada vi, i també del seu origen. Pasteur va llegir la seua ponència amb aquest tema a la *Société Centrale d'Agricultura de France*, (que més tard seria *l'Académie d'Agriculture de France*) el 21 de gener 1863. Una data que es considera clau en la historia de l'enologia.

El Segon Imperi Francès (1852-1870), va veure la consolidació del fenomen cultural gastronòmic nascut a la revolució francesa. Al 1825, Brillat - Savarin publica "La fisiologia del gust", la Bíblia d'aquesta cultura. El vi s'havia guanyat, com les ostres de Bretanya i el *foie* de Perigord, la categoria de producte gastronòmic. El nivell de consum *per càpita* al 1863 era de 120 litres, una xifra mai més no tornada a assolir. Es important conèixer aquesta dada, i als capítols on s'analitza el gran volum d'exportació vinícola des de Espanya i especialment des de el País Valencià, s'entén per què. El volum de consum domèstic, resultant de la multiplicació de la població de França en aquells anys, més les seues pròpies necessitats franceses de exportació vinícola, donen mida de la importància estratègica del vi valencià enviat durant la cavalcadura de la pandèmia fil·loxèrica a França.

Cal reflexionar sobre la gran diferencia que hi havia entre la vinicultura espanyola i la francesa. La majoria del vi espanyol es venia a granel. Solament les zones històriques, Jérez, Màlaga, Carinyena, Sitges, Tarragona i Alacant, envasaven una part de la seua producció vinícola, i tenien un lloc als menús oficials. Al 1875, un dinar oficial del rei Alfons XII a Madrid, tenia el menú escrit en francès, i els vins eren Latour - Blanche, Haut - Brion (el negre més famós del Medoc aleshores) Champagne Cliquot i Malvasia de Sitges, com a únic vi espanyol. Ben cert és que uns anys abans, amb motiu d'una visita del príncep de gal·les, fill de la reina Victòria, els vins eren de Carinyena, Màlaga, Jerez i el vi de postres "Pajarete" de Tarragona famosíssim aleshores, i que el menú estava escrit en castellà (perquè el príncep Albert sabés en quin país estava), però, durant el temps en que la fil·loxera destruïa els vinyets francesos i compraven milions de hectolitres de Espanya i especialment de la *Region Vitivinicola de Levante*, els menús estaven, majoritàriament, escrits en francès, i si ho eren en castellà, la carta de vins estava escrita en francès, fins i tot quan eren d'ací, tal era el prestigi el *glamour* i la imatge cosmopolita de la gastronomia francesa, vins inclosos.

La viticultura, també estava més evolucionada a França, que a Espanya. A França, la constitució d'un vinyet estava molt influenciada per unes pràctiques molt experimentades de lluita contra les dues plagues que afectaven de forma històrica greument els vinyets francesos: el *mildiu* i *l'oidium*. Malalties micòtiques que afectaven les collites, però no destruïen les plantes. Tot i que cal destacar, que, ja en 1860, hi havia dues viticultures a França, una atlàntica i continental (Burdeos, Borgonya, Loira i la Champagne) i un altra mediterrània: La Provença, el Llenguadoc, el Rosselló, i la Vall del Roine, encara que d'aquest podríem separar dues zones, les de clima mediterrani (des de Côte de Rôtie cap a Chateneuf du Pape) i el Roine Superior (Hermitage, Condrieu). La viticultura mediterrània francesa era molt similar a la valenciana: conreu en got (3), parcel·les modestes, pràctiques tradicionals i, a més una combinació territorial típica de l'arc mediterrani, en la qual hi havia vinyes a les riberes dels rius (Vinalopó, Túria i Palància al País Valencià, les vinyes riberenques dels rius l'Orb i l'Agly al Llenguadoc - Rosselló). També hi havia vinyets a les planes costaneres; l'horta d'Alacant, el Camp de Morvedre, la plana de Benicarló, al País Valencia i Fitou, Frontignan,

---

(3) Cep en got. Malgrat que a l'època romana ja es coneixia i es conreava en parral de diferents nivells, al Mediterrani i mes als països de l'arc mediterrani, marcats per serralades prelitorals, on al vinya ha estat plantada tant en terrasses com en riberes i planures del litoral, els ceps han estat plantats en got, és a dir, amb port baix i sense conducció dels sarments per fils i estaques com en parrell.

Mireval, Lunel i els Coteaux marítims al Llenguadoc, junt amb una viticultura d'orografia més agrest amb parcel·les i terrasses embullades a les parts altes dels rius i turons dels piemonts l'Alcoià - Comtat, la Marina, la Serrania, l'Alt Palància i els Ports al País Valencià, i Banyuls, Maury, Faugères, Côtes de Malepère, el Minervois al Llenguadoc - Rosselló .

Un altre paral·lelisme, i aquest molt definidor (i molt útil quan arriba l'hora d'enviar els vins) eren les varietats conreades, tant al País Valencià com a la França mediterrània, perquè donaven vins força semblants a eixes zones vinícoles que s'havia quedat sense producció, i per tant pogueren utilitzar els vins del País Valencià com a substituts, semblaven els mateixos, ja que pertanyien al mateix tipus enològic, produït per les mateixes viniferes, les varietats d'aquest tipus de vins conreats al País Valencià i al Llenguadoc: Monastrell (*mourvedre* al mediterrani francès), Garnatxa, Macabeu, Moscatell d'Alexandria i Malvasia que són per altra banda les de major quantitat d'hectàrees tant al País Valencià com al Llenguadoc, el Rosselló i la Provença.

Les diferencies estructurals entre la viticultura atlàntica i la mediterrània, eren també significatives, les del País Valencià, estaven més endarrerides. Els petits viticultors venien els raïms en condicions de submissió, als cellers que els grans propietaris tenien a les diferents àrees vinícoles, i on elaboraven, tant el raïm comprat com el propi. Altres menuts viticultors utilitzaven la producció pròpia com a autoabastiment i bescanvi. L'emfiteusi era ben present encara, i l'parceria era utilitzada pels viticultors, per ampliar les seus propietats menudes, que tenien un poc més de producció, que els micró viticultors, que practicaven una agricultura de subsistència per a quasi tots els productes que treballaven, oliveres, garroferes, fruiters, farratge. Molts d'aquest acabaven vinificant el seu raïm a les sues pròpies cases. Com a observació, val dir que aquesta situació, d'el·laboració casolana va durar en alguns pobles fins a ben entrada la dècada de 1950 Alcubles, (Els Serrans).

Ben diferent, era la situació de la viticultura atlàntica francesa, tant en conreus com en pràctiques i materials. Les principals varietats de Bordeus, eren: *Cabernet Sauvignon, Cabernet Franc, Merlot, Malbec*, el grup familiar de les Verdot (tres varietats d'aquest *cepage*), més la *Syrah* i la *Teinturier* (coneguda a la Gironda, també, com "*Alicant*"), en negres. En blanques, la *Sauvignon blanc*, i la *Semillon*, però també la *Muscadelle*. Tot plegat, semblant al cadastre vitícola actual però, amb diferencies remarcables, doncs la Syrah i la Teinturier no son, avui, varietats que es puguen identificar amb Bordeus, tot i que, al 1875 (data de la publicació de la *troisième* edició de *Bordeuax et ses vins* d'Édouard Feret), aquestes dues varietats mediterrànies eren a la cinquena i sisena posició entre les 12 varietats plantades a Bordeus. Al 1846, la regió vinícola de la Gironda tenia 46.473 hectàrees de varietats negres *(Bordeaux its wines and Claret county de Charles Coks. 1843)*. (4)

La viticultura atlàntica es diferenciava de la mediterrània pel seu conreu en parral *(espaldera)*, amb la intenció d'exposar la màxima superfície foliar a la insolació. La distància de la terra, del primer fil d'aram, era de 50 cm. la dels superiors (el que feia quatre) 2 metres. Una viticultura moderna, doncs, i força semblant a les noves plantacions al País Valencià, iniciada al 1980.

Les practiques culturals i materials estaven més avançades, mecanitzades, amb eines manuals i de tracció animal però, mecanitzades. Així, es podia planificar i dissenyar la plantació d'una explotació vitícola amb criteris de racionalitat. R. Brunet diu a la desena edició de "*Le Matériel Viticole*" (Librairie Braillère et fils, Paris, 1910). "*En effet, sauf de rares*

---

(4) *Bordeaux its wines and the Claret County*. Charles Cocks. 1846 London. Printed for Loangman, Brown, Green Loangman.

exceptions pour les régions méridionales chaudes et sèches... le moyen d'établir un vignoble avec toutes les garanties pour l'avenir, c'est lui de la mise en place, au moment du plantation des greffes boutures racinées, et à préalablement obtenues et sélectionnées en pépinières".

(En efecte, menys rares excepcions per la regions meridionals càlides i seques, els mitjans d'establir un vinyet amb totes les garanties per al futur es la preparació al moment de la plantació dels empelts en esqueixos arrelats prèviament obtinguts i seleccionats en vivers.) (5)

L'oblit d'aquestes pràctiques vitícoles essencials que diu Brunet a l'esmentat llibre, per l'ambició d'aconseguir grans produccions als ceps, ocasionà la catàstrofe que, avui en dia, encara les nissagues vinícoles a Europa recorden i temen.

---

(5) *Le Matériel Viticole. Précédé d'une étude générale sur le choix et l'emploi du matériel viticole.* R. Brunet (P. Viala). Paris 1910, Libraire J. B. Baillire et fils.

Capítol II.
El context vitivínicola valencià
(Ascens i caiguda del vinyet Valencià)

En res s'assemblava la viticultura del País Valencià a la de la França atlàntica i central (Aquitània, Loire, Champagne i Borgonya), ni en la disposició de la plantació, ni en la propietat de la terra, ni en les pràctiques vitícoles, ni en la cultura d'elaboració, ni, naturalment, en l'orografia. Pot ser, solament els països vitícoles del mediterrani francès: la Catalunya del Nord, el Llenguadoc, la Provença i el Baix Roine, eren d'orografia semblant i tenien unes pràctiques vitícoles semblants, per la seua composició social i distribució de la terra, a més d'una herència històrica compartida.

La diferencia principal, era l'existent entre un estat republicà parlamentari, social que havia fet la revolució burgesa, i la d'un país, Espanya, amb una monarquia falsament parlamentaria (fins i tot, per als conceptes de l'època), endarrerit socialment, amb una agricultura caciquil, i una economia agrària de tendències fisiocràtiques que funcionava al socaire de la irregular demanda exterior, produïda per factors conjunturals: guerres, plagues de l'*oidium, mildiu* de l'Europa septentrional i, finalment, la gran demanda internacional produïda per la fil·loxera.

Al 1877, el País Valencià tenia 170.000 has, (J. Piqueras, *"La vid y el vino en el País Valenciano"*), pràcticament hi havia producció vitícola en totes les comarques valencianes menys les marjals, les terres baixes i les cotes més altes de les serres. Aquesta superfície es va incrementar en 84.000 ha. més, fins a 1899 en què arribaria a 254.000 hectàrees com ben be senyala al mateix treball J. Piqueras, degut a la fortíssima demanda exterior. La distribució d'aquest vinyet ocupava tant els litorals com les riberes dels principals rius, les valls i les serralades interiors com indiquem al quadre esposat més avall.

Avui pot sorprendre, però termes municipals com Dolors tenia el 14,7% de la seua superfície agrària ocupada per la vinya vinífera. Alcoi (40,9%), Cocentaina (46,5%), Callosa d'En Sarrià (25,3%), Carlet (33,1%), Gandia (25,5%), Xàtiva (16,8%), Nules (12,5%), Castelló (9,5%) i Torrent (20,3%), aquestes superfícies parlen de la importància de la vinya i el vi en la societat i economia valenciana, que era molt similar a la de la situació europea, tal com esmentàvem al capítol anterior, com ben be assenyalava Jancis Robinson al seu *The Oxford Companion Wine*. Fins i tot arribava a a ser a algunes comarques pràcticament el conreu majoritari, com és el cas de la Marina, amb un 57% de superfície conreable ocupada per la vinya.

La gran diferència, a més de la propietat i la socialització de la viticultura, era la de la plantació i disposició de la vinya. El 100% de la *vitis vinifera* del País Valencià, estava plantada en vas (en got), i abans de la fil·loxera —com arreu d'Europa- en peu franc, productor directe, és a dir sense empeltar. Es necessari assenyalar, per a comprendre la descripció dels treballs a la vinya i la cultura popular de les pràctiques tradicionals, que els ceps abans de la fil·loxera, quan es plantaven amb el peu franc, eren més grans, més alts i esplendorosos i vivien més, encara que produïen menys, que les que, després de la fil·loxera, es plantaren sobre un empelt americà. Això marcava no solament el marc de plantació, si no també les eines (poda, verema) i la necessitat de solidaritat laboral entre famílies, clans, amics i veïns, (el verb "conjugar" s'utilitzava fins i tot a les comarques castella - parlants)

Quadre 2, de superfície vitícola del País Valencià de la *vitis vinifera* al 1889

Comarca	Ha.
Baix Segura	4.949
L'horta d'Alacant+L'Alacantí	4.768
La Marina (alta i baixa)	28.360
La Safor	3.340
L'Horta de València	7.280
Camp de Morvedre	6.936
La Plana (alta i baixa)	8.692
Baix Maestrat	6.116
Comarques del Vinalopó	36.920
La Ribera (alta i baixa)	7.355
La Foia de Bunyol	11.010
Camp del Túria	13.667
Palància	12.398
L'Alcoià –Comtat	13.728
La Vall d'Albaida	20.394
La Costera + La Canal de Navarrés	10.139
Requena-Utiel	22.690
La Serrania	9.778
Alt Maestrat –Alcalatén	15.940
TOTAL HA.	244.450

Les varietats conreades en aquesta superfície vitícola, eren les autòctones, las conreades històricament al País Valencià, i si es replantaren després de la fil·loxera principalment entre 1909 i 1929 (la replantació dura més de 30 anys, doncs hi hagué molts fracassos en les primeres replantacions amb peus americans), és gràcies a que Valencia, comptà amb el millor agrònom europeu de l'època, Rafael Janini i Janini [1], cap del Servei Vitícola de la Diputació Provincial de Valencia i creador, i primer director, de l'Estació de Viticultura

[1] Rafael Janini y Janini, (Tarragona 1866 - València 1948). Enginyer agrònom i escriptor. Es, junt amb Pascual Carrión, una de les més grans figures de l'agronomia europea. Els dos foren altament condecorats per la República Francesa en reconeixement als seus mèrits científics y tècnics. Fou professor a l'Escola de Perits Agrícoles de València i director de l'Estació d'Ampelografia Americana de València. El 27 d'agost de 1906 fou nomenat director del Servei Vitícola de la Diputació de València per a lluitar contra la plaga de la fil·loxera. Està considerat el salvador de la viticultura valenciana per l'eficàcia científica, tècnica i pràctica en la reconstrucció del vinyet valencià postfil·loxèric. Va haver de lluitar aferrissadament (33 anys després de l'arribada de la fil·loxera a Europa, i tot i que es coneixia la solució de les ceps americanes com porta - empelt) contra el caciquisme vitícola y polític (denuncià un alcalde que negava a la governació regional l'existència de la plaga al seu terme, quan el seu vinyet estava altament fil·loxèrat), i també contra la manipulació d'alguns viveristes que oferien als viticultors, solucions esperpèntiques d'alt cost i cap solució. Dirigí *la Jefatura Agronómica de Levante*, y fou nomenat *inspector general del Cuerpo de Agrónomos*. Entre els seus treballs publicats estan *"Principales moluscos e insectos que atacan la vid"*, València, 1893. *"Relación de Trabajos hechos del servicio vitícola"* València, 1909, *Datos Reunidos para la reconstrucción de los viñedos valencianos destruidos por la filoxera*. València 1911, i altres estudis; pecuaris, econòmics de l'agricultura valenciana. Fou un reconegut traductor de las obres de Dehérain y Viala.

i Enologia de Requena. Entre 1904, dada oficial de l'arribada de la fil·loxera als vinyets valencians fins al 1911, Janini lluità aferrissadament contra els viveristes desaprensius, que subministraven plançons als viticultors, que després fracassaven. Janini intenta, amb la seua pedagogia, que els viticultors superaren el seu desconeixement, tot i que lògic, doncs la plaga fil·loxera era una amenaça sorprenent i desconeguda per uns viticultors (a la resta d'Europa també) de pràctiques de cultura vitícoles ancestrals, però, molt eficaces que tenien el seu origen en la creació dels dominis vinícoles romans entre el segle II adC i el segle IV dC. Així, Janini recomanà i dirigí sempre que als terrenys i àrees on s'havien conreat unes determinades varietats es plantaren les mateixes. Pràcticament quasi el 100 % d'aquest patrimoni botànic valencià es va salvar gracies a Rafael Janini.

El tipus vins exportats en aquesta era daurada, eren els produïts per la viticultura comercial, que des dels temps forals havien aconseguit prestigi i negoci a Europa i s'havien fet imprescindibles en els grans temps de la navegació oceànica. Però, coincidint amb l'expansió de fil·loxera se produï un gran canvi socio econòmic a Europa, la revolució industrial i la creació de la cultura gastronòmica del segle XIX. Aquests fenòmens, havien canviat les tendències del consum de vi, i per tant la percepció de les prestigioses i bones qualitats del vi d'Alacant, que era el més ben situat de tots. A més d'aquest, els altres tipus que hi havien els de la viticultura comercial, situada al litoral i les riberes dels rius valencians, eren: el moscatell de la Marina, els daurats de Xest, l'especialitat del Carlo, i els negres de *coupage* d'Utiel y Mourvedre (el nom amb què era conegut tipus de vi negre de la comarca de Sagunt, el Camp de Morvedre). En definitiva, es tractava de tres tipus de negoci per a segments de mercat diferents. El Fondellol com a vi elegant, sa, exquisit i noble, el negre *Alicant* com a vi de taula sa, segur, de gran estabilitat enològica i saborós. Alacant havia estat durant segles el centre d'exportació de vins prestigiosos a Europa. Al 1843 sortiren pel port d'Alacant 158.538 litres de vi, i al 1844 varen ser 480.707 litres- (Els vins de l'arc mediterrani, J. C. Martín. Editorial Portic, Barcelona 2009). A més s'exportaven els vins de color i grau d'Utiel i Mourvedre, els vins populars de PX, Mersseguera y Moscatell de la comarca de Xest i la especialitat del Carlo, vi que històricament havia esta lligat als vins de Bordeus per a enfortir-los, produint el tipus encara consumit al Regne Unit de Bordeus a l'anglesa, com hem explicat al capítol anterior. Però, tot plegat, això significava la sortida a l'exterior solament del 45% de la producció vinícola de totes les vinyes del País Valencià (124.000 has el 1863).

Vegem els preus de venda *ex-cellar* (és a dir, a peu de bodega), on es recollia o se carregaven els enviaments del principal celler dels vins d'Alacant, en l'època de més demanda, al 1889, vint-i-sis anys després de l'arribada de la fil·loxera a França. (Quadre pàgina següent).

Hem mantingut els noms dels tipus originals en Castellà, per a facilitar el seu reconeixement en les comparacions, doncs eren els utilitzats per a la seua cotització internacional, i també perquè en altres documents citats s'anomenen així. Els vins amb anyades molt antigues amb respecte al 1889 són, naturalment, del tipus de solera. En els cassos en que el preu del vi envasat és més barat que a l'engròs (cànters), és degut a que una capsa de 12 ampolles de 0,75 cl, té un contingut total de 9 litres, es adir 2,5 menys que l'engròs contingut en un cànter valencià.

Al mateix any, els preus de venda dels vins d'Alacant al mercat de París eren de 42 a 47 francs per hl. Quatre anys abans, al port de Cette (Seta, al departament de l'Herault), port principal de destinació dels vins valencians enviats per mar, eren els següents:

Quadre 3, Tarifa d'exportació dels cellers Verdú Hnos. de Monòver (Alacant) al 1889

Collita	Classes	ptas	cts	Ptas	Cts
6 anys	Mistela tinta corriente	10	-	11	-
10 anys	Mistela blanca superior	15	-	13	50
8 anys	Mistela blanca corriente	12	-	12	-
Vins secs					
1820	Tinto Fondillón especial	160	-	130	-
1830	Tinto Fondillón extra	120	-	100	-
1850	Tinto Fondillón fino	60	-	50	-
1856	Tinto Fondillón muy bueno	50	-	40	-
1860	Tinto Fondillón para enfermos	30	-	25	-
1870	Tinto Superior	25	-	20	-
6 anys	Tinto corriente	10	.	11	-
3 anys	Tinto corriente de mesa	5	-	8	-
1850	Moscatel Perla	50	-	40	-
1870	Moscatel fino	30	-	25	-
15 anys	Moscatel Superior	20	-	17	50
6 anys	Moscatel corriente	10	-	11	-
1848	Blanco fino	50	-	40	-
1870	Blanco fino	40	.	35	-
1878	Blanco superior	25	-	20	-
15 anys	Blanco superior	20	-	17	50
10 anys	Blanco bueno	15	-	13	50
8 anys	Blanco corriente	12	-	12	-
6 anys	Blanco corriente	10	-	11	-
Especialitats de la casa					
1775	El Abuelo tinto dulce	500	-	400	-
1800	Moscatel Gloria	300	-	240	-
1815	X. Oro sec	200	-	160	-

Alacant…44 a 45 francs x hl
Benicarló…38 a 40 "
Requena… 34 a 38 "
Valencia… 32 a 36 "
(E. Albela, El libro del viticultor, Madrid, 1885)

Els vins enviats a aquest port francès del mediterrani, des d'Alacant, Dénia, València, Sagunt i Benicarló eren els més cotitzats, de tots els enviats dels ports mediterranis de la península, superant als del Priorat en 4 francs de mitjana i els de la resta de Catalunya en 12 francs de mitjana.

Al mercat de Londres, que abans, com ara, era una de les principals destinacions dels vins mediterranis, el vi negre espanyol es pagava a una mitjana de 70 pessetes litre, recordem que el preu de venda del celler de Monòver dels *"tinto corriente"* era entre 5 i 10 pessetes el cànter (11,50 litres) i 25 pessetes el *"tinto superior"*. Naturalment dins d'aquest preu superior al mercat londinenc estan incloses les despeses de gestió comercial, els costos del transport i els aranzels.

L'avantatge de l'exportació a França era que el tractat de lliure comerç signat amb la República Francesa (que finalitza al 1892), donava facilitats duaneres. L'aranzel i els impostos duaners varen desaparèixer mentre aquest país necessitava vi, degut al fet que la catàstrofe fil·loxèrica havia deixat els cellers francesos buits. El periodista del diari *"El Liberal"* de Madrid, Julio Vargas, va deixar constància d'aquest comerç daurat: *"Diez años más de tratado con Francia, y Alicante hubiera podido enlosar con luises de oro su magnífico paseo de la explanada"*

Vargas descriu com la mitjana d'exportació durant la dècada de 1880 va ser de 400.000 pipes exportades des del port d'Alacant, que al 1893, després de la finalització del tractat amb França, es reduïren a 60.000 pipes. (2)

Aquest *boom* comercial durà fins que, al 1909 els efectes de la fil·loxera, que ja havia arribat a les vinyes valencianes i duia cinc anys escampant-se pel País Valencià, començaren a fer-se de notar a la producció. Quan la fil·loxera arriba

---

(2) Pipa es una veu portuguesa per a nomenar un tipus de bótes de gran capacitat. Ha estat tradicionalment una de les mesures dels *futs* (veu francesa per designar barriques i tonells de roure) d'Oporto i altres vins portuguesos, a mes del de Marsala (Sicília). A la regió del Douro, sol tindre una capacitat de 550 litres, la mesura per la pipa d'exportació que es la referida adés, és de 534,24 litres. La pipa, com hem dit, pot tindre una variació de capacitat fins arribar-hi a 630 litres. Hi ha a Oporto pipes de 580 litres, i a Madeira i Marsala de 418 i 423 litres (una variació de 5 litres en una capacitat superior a 400 litres es considera normal, doncs, és deguda ala morfologia de la construcció del boter), al País Valencià una pipa té una capacitat de 40 cànters, 462 litres.

finalment al País Valencià hi havia 259.0430 hectàrees de vinyes de vinificació *(La vid y el vino en el País Valenciano,* J. Piqueras), quan al 1859 tenia 124.552 has. Aquest increment, que va duplicar la superfície vitícola, tingué un efecte social d'efectes transformadors de gran abast, entre els viticultors. Abans de la gran demanda de vins deguda a la destrucció de les vinyes europees, la viticultura al País Valencià era de tres tipus. La comercial, situada al litoral (l'Alacantí i el Baix Maestart) i les riberes del Palància, el Túria i Vinalopó, la d'autoconsum interior, situada als nusos de comunicació viària: Moixent, Requena, Sogorb, Villena, Benigànim, Cocentaina, Sant Mateu, i la de subsistència, situada a les serralades i als pobles dels piemonts allunyats dels eixos viaris i conreada per xicotets viticultors. La gran demanda de vi des de l'exterior, va canviar la situació d'aquests xicotets viticultors, majoritàriament lligats a la parceria, que elaboraven per al propi consum i bescanvi. Als seus petits cellers domèstics tenien el tradicional cup situat a l'habitació destinada a celler, que donava al pati central de la típica casa popular de "a dos mans". Aquestes menudes instal·lacions d'elaboració, s'ampliaren amb trulls i cups addicionals, per donar resposta a la demanda que els corredors i els tractants que visitaven els pobles requerien. També varen ser els que sostingueren la major part de la feina d'expansió de la superfície vitícola, canviant altres conreus (garroferes, ametllers, oliveres) per la vinya, creant-ne de nous, abancalant terres i construint terrasses en vessants de vertigen, que encara es poden veure ara, a l'Alcoià - el Comtat, l'Alt Palància, l'Alt Millars i altres comarques de les serres valencianes. Es tracta d'un dels processos de treball físic més contundents de la historia valenciana, mai suficientment ponderat, titànic pel seu esforç i perseverança, i sense altres mitjans que la pura força física dels viticultors i dels seus animals de tir. Quan la fil·loxera destruí els vinyets valencians entre 1904 (primeres vinyes fil·loxerades a Gata de Gorgos) i 1909 (pràcticament ja estesa per tot el país) el negoci s'aturà de cop, per manca de matèria prima, doncs la producció de vi restà molt menor. L'època daurada va desaparèixer més ràpid que havia arribat. Al vinyet valencià li costa més de 30 anys arribar a una superfície quasi similar a la que hi havia abans de la fil·loxera, les 125.439 hectàrees adés esmentades. La ruïna va ser general i moltes explotacions abandonades. El vi valencià no es recuperaria fins a la dècada de 1960 per al negoci a l'engròs – però, mai va ser com abans- i per al vi envasat la recuperació va trigar més encara, fins que a la dècada de 1980 un grup de conscienciats pioners començaren de nou el redreçament i la regeneració de les qualitats tradicionals i de l'homologació dels seus vins amb els tipus moderns reclamats als mercats pels consumidors.

Quadre 4, de les principals varietats plantades al País Valencià al 1899.

Varietats negres	Ha.	Varietats blanques	Ha.
Boval	32.000	Moscatell d'Alexandria	21.000
Monastrell	31.000	Malvasia	19.800
Garnatxa	26.000	Mersseguera	6.600
Forcallat negra	1.900	Planta nova (tardana)	2.900
Garnatxa tintorera	1.200	Plantafina	2.160
Creu de Malta	127	Macabeu (forcallada)	2.180
		Verdil	2.178
		Pere Ximenes	1.890
		Tortosí	1.060
		Valensí	679
		Garnatxa blanca	349
		Pansa Valenciana	123
		Polop	80
		Vidriel	56
		Tir	45

(Les varietats *Negrillo, Morenillo* i *Tinto Velasco*, Valencia *tinta*, són els noms amb que es coneixia al segle XVII i XIX, la *garnatxa tintorera*, i per tant sinonímies. L'*Airen* està també coneguda com "*Forcallada blanca*", i la *Rojal* és una sinonímia de la malvasia *Riojana*, però que al segle XIX no s'anomenava així al País Valencià

Capítol III
La propietat vitícola: mitgers, parcers, emfiteutes i menuts viticultors

L'últim terç del segle XIX va conèixer una profunda democratització de la propietat vitícola. La gran demanda comercial, va donar oportunitat a una consolidació del repartiment del control de l'explotació vitícola, mitjançant el rescat de l'emfiteusi, l'increment del benefici del mitger per la pujada de preus, i la participació del parcer al comerç vinícola, per la conversió de la seva viticultura de subsistència, autoconsum i bescanvi, en viticultura comercial. La viticultura, estesa per les comarques del país adés citades al capítol II, tenia un sistema de propietat i d'explotació tan divers com es l'orografia i la repoblació del País Valencià.

Una gran part de l'expansió de la superfície vitícola, generada per la gran demanda internacional de vins, es va fer sobre els parcers i els xicotets propietaris vitícoles. Aquests, majoritàriament de les comarques de l'interior d'orografia embullada, disposaven d'unes micró propietats, de conreu divers, estratègics per la seua economia d'autoconsum i subsistència. Tant si era Montanejos, Cortés d'Arenós, Dos Aigües, Xest, Benilloba, o Xaló. Aquestes tenien també, unes menudes fanegades d'horta a la riba dels barrancs i rieres que creuaven el terme, on es conreaven fruitals, farratge per als animals de corral, que destinaven per al propi consum i que els subministraven les proteïnes bàsiques, a més de ceps dels raïms blancs de moscatell o malvasia. A més, a la seua propietat minifundista, hi havien una o dos parcel·les d'entre 4 i 8 fanegades situades als vessants de les serres, i a les garrigues, on es conreaven garrofes, ametlers, oliveres i vinyes, en les quals les varietats triades eren les de més grau i fortalesa: Giró, Mersseguera, Tintorera, Pere Ximenes.

Quan la gran demanda de vins origina l'expansió vitícola, molts viticultors arrancaren els arbres de secà (garroferes, oliveres i ametlers) per a plantar vinyes, i altres abancalaren i aterrossaren turons, vessants i barrancs, on crearen nous bancals on plantar-les. Aquesta expansió agrària consolida la vinya, com un dels conreus mes rendibles, com podem veure per les taxes fiscals al quadre següent.

Quadre 5, de l'impost de gravamen fiscal de 1900
Al terme de Benigànim (la Vall d'Albaida)

Conreu	fanegadas	Import del gravamen fiscal
Cereals de reg	749	12.978 ptes amb 97 cm
Arròs	72	2.223 ptes amb 75 cm
Cereals de secà	1.416	11.865 ptes amb 71 cm
Vinya	12.864	45.136 ptes amb 19 cm
Oliveres	3.189	7.267 ptes amb 06 cm
Garroferes	864	2.492 ptes amb 68 cm
Figueres	13	56 ptes amb 53 cm
Mont alt	2.777	2.656 ptes amb 21 cm
Mont baix	5.931	355 ptes amb 87 cm
Total	27.875	85.032 ptes amb 90 cm

Com assenyalen aquestes dades, el vi era més de la meitat dels ingressos per a l'Estat espanyol al poble de Beniganim al 1900, malgrat no significar la meitat de la superfície agrícola. *"Reseña Historica de la Villa de Beniganim"* Jose V. Benavent i Alapont. Editorial Denes, Paiporta (l'Horta) 2010. A les grans propietats de les burgesies agràries i del capital econòmic d'inversió comercial, el percentatge d'ampliació sobre la propietat general va ser d'un 3%. La lògica orogràfica era clara, moltes d'aquestes grans propietats, eren terres conreaves de primera elecció, situades a les planures fluvials (Vinalopó Mitja, la conca situada entre els rius Túria i Xúquer –de Vilamarxant a Montserrat-) i les planures litorals. Lògicament, aquestes grans propietats no podien estendre's molt més, doncs ja havien arribat al màxim d'explotacions, seguint la lògica d'expansió dels conreus intensius i extensiu en les terres de primera elecció.

En canvi, sobre el parcers, els xicotets viticultors dels piemonts i les garrigues i d'emfiteutes que explotaven parcel·les de les parts mes obertes i planes de les riberes dels rius, va caure la gran expansió produïda per la demanda internacional vinícola, doncs els propietaris, duien la iniciativa de posar en conreu terres fins aleshores ermes, donant-les en arrendament a emfiteutes i parcers. Al 1887, la concentració de conreus ja havia produït un alt grau d'especialització en aquests segments de la viticultura valenciana (segons explica molt bé Ramon Gabarrou a "*La crisis agraria a finales del siglo XIX)* (1), també uns grans canvis que afectaren socialment i culturalment, als xicotets viticultors i parcers, originada per la influència del procés d'expansió capitalista, doncs l'articulació del mercat mundial produïda per la gran demanda del comerç internacional del vi, significà un profund canvi en les circumstàncies en què havia de desenvolupar-se la activitat agrària, com ben bé diu el mateix Ramon Gabarrou a l'esmentat treball.

Un dels sistemes d'explotació era la emfiteusi, aquesta era la cessió temporal de l'explotació de la parcel·la per un temps determinat (en aquest cas, per la duració de la vida del cep) (1), a canvi d'un cànon anual, que variava de ¼ a les àrees de muntanya a 1/5-1/8 a les planures fluvials, sent, però, que als primers anys de l'explotació, el fruit produït era per al conreador. A finals del segle XIX, en alguns contractes emfitèutics ja es posava un termini determinat entre 40 i 50 anys. L'emfiteusis va estar molt estesa pel Vinalopó, des de la Foia de Castalla fins al Vinalopó Mitjà. El final del sistema emfitèutic, després del final de l'apocalipsi fil·loxèrica, va conèixer tant el rescat de la explotació per part del propietari, com la compra per part de l'arrendador.

El sistema de parceria consistia en un arrendament de la terra per parts. El propietari d'un terreny assilvestrat, el cedia a un agricultor que havia de fer de plantador amb l'obligació d'aflorar el sol vegetal i fer la plantació amb el conreu que el propietari desitgés (en aquell moment d'expansió del negoci del vi, es decidia per la vinya). Si un propietari tenia ja un parcer en una de les seves propietats, donat que era a mitges, li podia cedir més terrenys per a fer noves floracions i plantacions. I això es justament el que va passar, les parcel·les s'anaren expandint l'una rere l'altra produït per la gran demanda internacional de vins, quan un cànter es pagava, al 1887, a 18 reals, preu superior en 4 o 5 vegades al pagat al 1863, abans de la gran demanda vinícola que ocasiona la

---

(1) La vid y el vino en el País Valenciano. Juan Piqueras. València 1981, Institució Alfons el Magnanim. Diputació Provincial de València.

expansió. Les despeses d'aquesta primera plantació triada pel propietari anaven a càrrec del mateix propietari. Durant els primers cinc anys —els de menor producció- els plançons i les despeses del conreu son a càrrec del parcer, que a canvi es queda amb tota la minsa producció. A l'any que feia sis, quan la vinya està en una producció notable i el camp esta net i en conreu, el parcer divideix la vinya en dues parts i dona a triar al propietari un de les dos parts.

El sistema de mitger té prou coincidències amb la del parcer i l'emfiteuta, pel que fa al repartiment de la producció. Però hi ha una figura diferenciada; la del mitger - caser, que viu a la propietat, a les heretats i cases de camp, com son els casos, entre altres, dels masos i heretats de les comarques de la Costera, la Vall d'Albaida, el Vinalopó i una Part de Requena. El mitger - caser es donava, naturalment, a les hisendes grans i heretats. Es tracta d'una figura que ha estat viva, fins no fa gaire a Fontanars, Moixent, Requena i el Camp de Monòver, però, que en les ultimes dècades, va substituint-se, en aquests casos residuals, per assalariats, amb la responsabilitat d'encarregats de finca, degut al canvi de destí dels vins produïts en aquets tipus de propietat, que ha passat de productores de vi a gros, a productores vins tipificats de finca, per al negoci d'envasat.

El mitger – caser, que guaitava la hisenda, vivia a les cases de la propietat, guaitava i mantenia les cases i les dependències de l'heretat (celler, almàssera, corrals, magatzems), els propietaris els facilitaven la vivenda i corrien al seu càrrec les despeses comunes. El treball era cosa del mitger, però, el material per a fer els desfonaments plantes, plantació i empeltes eren cosa de la propietat. La collita obtinguda era a mitges, aquest sistema ha esta vigent fins no fa gaire en unes heretats a Fontanars i Moixent.

El segle XIX va veure una transformació i democratització de la terra, tal i com senyala Juan Piqueras a *"La Vid y el Vino en el País Valenciano"*. La causa va ser, com hem assenyalat abans, la gran expansió vitícola produïda per la demanda vinícola internacional. Ramon Gabarrou, en *"La crisis ggrícola de fines del siglo XIX"* (2) ho explica, descrivint aquest procés de crisis expansió i especialització a l'esmentat treball senyalant la relació entre els sistemes d'explotació i propietat de la vinya amb la demanda continua de l'exportació vinícola. Al quadre següent podem observar el creixement percentual fins a la duplicació d'aquest percentatge del vinyet valencià en la superfície agrària del País Valencià en vint – i – cinc anys.

---

(2) La Crisis agrària de fines del siglo XIX. Ramon Gabarrou. Editorial Critica Barcelona 1988

Quadre 6, Percentatge per anys comparatiu.

Conreus	Catalunya		P. Valencià		Espanya	
	1860	1885	1860	1885	1860	1885
Cereals i llegums	49,7	47	52,4	38,9	81,8	78,8
Vinya	32,3	32,7	18,5	31,9	8,9	9,3
Olivar	11,3	12,5	10,2	9,8	5,4	6,3
Fruitals	5,3	4,6	16,2	14,3	1,7	1,6
Conreus intensius	1,4	3,2	2,7	5	2,1	4

"La crisis agraria de finales del siglo XIX". Editorial Crítica. Cuadro 1, pag. 95.

Aquest quadre explica com al País Valencià, la reducció de l'olivar va ser d'un 0,4% i la dels fruitals d'un 1,9%, sobre la superfície total, tot i que cal assenyalar que la vinya es va plantar al portell en camps de garroferes i oliveres, malgrat que romangueren registrades en els contractes d'explotació amb el conreu original i no l'afegit (és a dir com a bancal de garroferes, i no de vinyes, malgrat la nova plantació d'aquests al portell amb les garroferes). Per tant, a costa de què o quin conreu va créixer el vinyet al País Valencià?. Els cereals i llegums reduïren la seva superfície al voltant d'un 10%, mentre que el vinyet va créixer amb un 19,20%, les noves vinyes incloses. Naturalment les magnituds no estan directament relacionades, és a dir, el descens de la superfície d'un conreu, el cereal posem per cas, no va ser substituït tot pel vinyet malgrat les coincidències numèriques que puguen existir. El fruitals de secà, oliveres i garroferes principalment, varen ser substituïdes per vinyes en gran part. Els conreus intensius desplaçaren i ocuparen una gran part de l'espai de llegums i cereals de regadiu, i que, naturalment, ja tenien subministrament d'aigua. La superfície petita, però no menyspreable d'un 5'85% de les noves vinyes en terres rompudes varen ser arrancades a la muntanya i a les revoltes i replanades dels barrancs i les rieres. Els petits viticultors van ser els protagonistes d'aquesta expansió.

Al seu treball "*La Vid y el Vino en el País Valenciano*", Piqueras senyala encertadament que aquesta expansió va servir també per aconseguir la propietat per a parcers i jornalers, una democratització de la propietat de la terra, tal i com explica al seu valuós treball. Segons el quadre de divisió de la propietat de Piqueras a *La Vid y el vino en el País Valenciano*, al 1840 a Torrent (l'Horta), solament 17 propietaris concentraven 159 hectàrees, una superfície mitja de 9,35 hectàrees per propietari vitícola. Altres 25 propietaris, tenien 105 hectàrees, una superfície mitjana en aquest cas de 4, hectàrees per cap. Al ple de la gran demanda de vi des de França, en 1897, la situació canvia significativament, en el segment superior de la piràmide de la propietat torrentina, solament hi havia un gran propietari que tenia 18 hectàrees i en canvi 8 propietaris tenien 106 hectàrees (una mitjana de 13,25 hectàrees per propietari).

Quadre 7, Divisió de la propietat vitícola

Dimensió	Torrent (L'Horta) 1897		Camporrobles (Utiel-Requena) 1879		Vilafames (la Plana Alta) 1859	
	nº viticultors	ha.	nº viticultors	ha.	nº de viticultors	ha.
entre 0,1 i 1 ha.	884	333	170	45	1.026	437
entre 1 i 2	335	472	108	119	231	328
entre 2 i 3	197	462	66	124	70	161
entre 3 i 5	94	346	45	147	43	158
entre 5 i 10	65	457	18	91	8	46
entre 11 y 20	32	450	3	86	0	0
entre 20 i 50	19	635	0	0	0	0
entre 50 i 100	0	0	0	0	0	0
més de 100	1	133	0	0	0	0
totals	1627	3288	410	612	1.378	1130

Dades obtingudes de "La vid y el vino en el País Valenciano". De J. Piqueras.
Pàgines 191 ,192 i 193 per a Torrent.
Pàgines 212 i 213 per a Camporrobles.
Pàgines 203, 204 i 205 per a Vilafamés.

Al mateix Torrent, en el segment inferior de la piràmide de la propietat, al 1840, hi havia 19 propietaris menuts que tenien entre tots solament 7 hectàrees (una superfície mitjana de 0,368 hectàrees per viticultor), mentre que, al 1897, la dispersió de la propietat havia creat 322 propietaris que tenien en total 64 hectàrees, (una mitjana de 0,198 hectàrees per cap, més viticultors i més menuts). En canvi, havien crescut el nombre de propietaris al segment mitjana de la piràmide de la propietat, doncs havien arribat fins a 241 propietaris (al 1840 solament 27) els quals tenien entre 0,5 i 1 hectàrea, amb un total de 144 hectàrees .

A Camporrobles (la Plana de Requena - Utiel, en 1862, al cim de la piràmide de possessió de terres vitícoles, hi havia 4 propietaris que disposaven d'11 hectàrees en total, una mitjana superior a 2'5 hectàrees de propietat. En canvi a la base d'aquesta piràmide hi havia un gran nombre de propietaris (116) que disposaven d'un total de solament de 37 ha., una mitjana de 0,311 hectàrees per viticultor. Al 1879 el canvi va fer que la redistribució es concentrara també, a la meitat de la piràmide, doncs a la base hi havia menys viticultors, 97 tenien solament 9 hectàrees, un 0,092 hectàrees per cap, —es a dir 1/7 de fanegada–, una disminució clara de la superfície mitjana per propietari. Però, en canvi, a la meitat hi havien 310 propietaris que tenien 481 hectàrees en total, sent la dimensió mitjana d'aquestes propietats entre 1 i 10 hectàrees, la propietat s'havia concentrat a la meitat de la piràmide. Aquest canvi, en la base i la meitat de la piràmide de la propietat, explica el fet que Gabarrou i Piqueras assenyalen, que la demanda del negoci del vi va produir l'expansió vitícola i va crear un nombre de xicotets i mitjans viticultors.

Però aquests no haurien estat possible sense els canvis demogràfics produïts per les repoblacions post expulsió dels moriscos del segles XVII i XVIII, com assenyalen molt bé M. Ardit (Els homes i la terra del País Valencià —segles XVII

– XVIII), i Antoni Mas (Pagesos per als senyors. Actes del VII Congrés de la CCEPC). Especialment a les comarques on havien viscut els moriscos fins a la seva inhumana expulsió. Com ha estudiat i explicat profusament Manuel Ardit a "Els homes i les terres del País Valencià, (segles XVI - XVIII)" (3), l'expulsió va provocar un buit demogràfic que tardà més d'un segle en ser compensat. Arribar a tindre una demografia semblant la que el País Valencia tenia al 1609 (moment de la expulsió dels moriscos), no va ser possible fins al 1714. El cens del País Valencià a aquest any era de 410.492 habitants, (cens del marqués de Campoflorido, corregits per Bustelo i J. S. Bernat,"Els Homes i la terra al País Valencià, M. Ardit). Però, cal dir també que aquesta nova repoblació, que ha definit el País Valencià en els últims 250 anys, va veure una concentració de la propietat en l'explotació de la terra, doncs, els colons cristians assentats a les terres de senyorius, necessitaven una superfície major per a viure, que la que tenien els anteriors ocupants, els moriscos valencians.

Un factor cultural en la creació d'aquesta població de viticultors menuts va ser la repoblació d'algunes comarques valencianes per mallorquins (el Comtat, les Marines, la Canal

---

(3) Els Homes i la Terra del País Valencià (segles XVI-XVIII). Manuel Ardit. Editorial Curial. Barcelona 1993.

Quadre 8, Divisió de la propietat vitícola a diferents termes

Dimensió	Monfort i El Pinos (Vinalopo) 1898		Bellús (la Vall d'Albaida) 1893		Godelleta (la Foia de Bunyol) 1887	
	nº propietaris	ha.	nº propietaris	ha.	nº propietaris	ha.
entre 0,1 i 1 ha.	692	285	306	106	289	100
entre 1 i 2	266	320	31	44	143	182
entre 2 i 3	165	382	12	28	52	114
entre 3 i 5	110	405	7	24	13	45
entre 5 i 10	90	537	6	33	3	19
entre 10 i 20	30	339	2	25	1	12
entre 21 i 50	31	600	0	0	0	0
entre 51 i 100	9	523	0	0	0	0
totals	1393	3391	364	260	501	472

Dades obtingudes de "La Vid y el vino en el País Valenciano" de J. Piqueras. Pàgines 169,172,173 i 174 per a El Pinós i Montfort. Pàgines 186 i 187 per a Bellús, i 196 per a Godelleta.

de Navarrès, la Vall d'Albaida, la Foia de Bunyol, el Camp de Túria principalment). Els mallorquins eren viticultors experimentats, la varietat giró (garnatxa negra comuna), va ser plantada per ells a aquestes comarques. La seva posició a la nova destinació del Regne de Valencia, com a explotadors de parcel·les menudes, era ben coneguda per aquests nous valencians, doncs era una experiència pareguda als llocs d'on havien sortit. En els llocs de partida (Felanitx, Manacor, Muro, Santa Margalida), la mesura de les seus parcel·les era ben minsa, un total de 992 tinences, sobre 833 parcel·les, que tenien en total una extensió de 1.024 hectàrees, en el cas de Felanitx. O un total de 423 tinences sobre un total de 365 parcel·les amb una extensió de 387,1 hectàrees a Santa

Margalida (Pagesos per als senyors: l'emigració del Regne de Mallorca al Regne de València en el segle XVII, Actes del VII Congrés de la CCEPC, València 2008). (4)

Prou semblant a aquesta situació, de propietats disperses de parcel·les menudes, seria la realitat que es trobarien a Xaló, Tàrbena, Muro (el Muro d'ací) Xest, Benigànim, Bunyol, Serra, i altres pobles de la embullada orografia valenciana. A Bunyol, poble vitícola important als anys que la fil·loxera va envair la Foia de Bunyol -1906-1907- (5) l'herència dels mallorquins va ser ben present, encara avui un carrer principal que baixa de la muntanya on esta el castell cap al carrer principal del poble, bordejant el barranc, es diu avui, el carrer de "Mallorquins", doncs al 1610, 81 famílies de repobladors mallorquins s'assentaren a Bunyol i 16 famílies en cadascun dels pobles de la comarca (A. Mas, Actes del VII Congrés...). Bunyol va ser líder en l'associacionisme agrari valencià, doncs va sorgir un agermanat moviment de parcers, emfiteutes i menuts viticultors independents, dècades abans de la creació

---

(4) El processos migratoris a les terres de parla catalana. De l'epoca mediaval a l'actualitat. Diversos autors. Coordinadora de Centres d'Estudis de Parla Catalana. Valls 2009.
(5) Relación de los trabajos hechos desde agosto de 1906 a diciembre de 1907. Servicio viticola de la Excma. Diputación Provincial de Valencia. Rafael Janini y Janini. Valencia 1908.

de les primeres cooperatives vinícoles valencianes (1919 a Xest i Toris). La "*Sociedad de Labradores de Buñol*", va ser un fort i conscienciat col·lectiu d'agricultors, viticultors pirnicpalment, que seria un dels aliats mes ferms de Janini, en la lluita contra la filoxera (*"la Sociedad de Labradores de Buñol tiene 100.000 injertos", R. Janini, Relación de trabajos hechos entre 1906 y 1907, Servicio Viticola de al Diputación Provincial de València. Imprenta Vives,* 1909 València

Aquesta època de la repoblació post morisca, la que va dels segles XVII- XVIII, en que l'aristocràcia està en decadència, però, en canvi, el poder real no és aconseguit per la burgesia, es aprofitada pels capatassos dels senyors per a fer-se amb el control del poder local. Molts lots de terra, són venuts pels capatassos, sent comprats per jornalers i parcers, després de dècades de servei als capatassos i als senyors, per necessitats d'aquests d'efectiu monetari, rescatant-ne, també, contractes d'explotació per part de parcers i emfiteutes. Aquest progrés en la consecució de la propietat de la terra per part d'assalariats i parcers, però, també d'alguns emfiteutes és conseqüència, naturalment, de la demanda comercial del vi, que atreia als propietaris de terra a posar en explotació el màxim possible de superfície, assumint la cessió i futurible venda, abans de deixar passar l'oportunitat de l'extraordinari guany que suposava aquesta edat d'or de la viticultura pròpia. Però, també, per la decadència de l'aristocràcia, i pels efectes de la repoblació post morisca.

El procés és també, conseqüència de l'evolució econòmica cap al capitalisme, els economistes de cultura marxista, ho tenen ben estudiat, però, ací, el que cal es observar l'efecte que va tindre en la propietat i en els hàbits dels viticultors de les diferents sistemes d'explotació i tinença de la vinya.

Per als menuts viticultors propietaris, l'extensió de les seues explotacions eren, no solament resultat de la seva capacitat econòmica d'adquisició de la terra i de la democratització de la propietat agrícola, ocasionada per la divisió de les grans tinences dels feus agrícoles, produïda per l'expansió vitícola, sinó també de les seues grans capacitats de treball i esperit de sacrifici familiar. Explotar unes menudes parcel·les on es conraven farratge, fruiters, oliveres, garroferes i vinya, exigia una quantitat d'hores - home, superior a la capacitat masculina de la família. Així, gran part de la feina era suportada, com veurem als capítols següents, per una ma d'obra "invisible": les dones i els nens. Aquesta necessitat d'ajuda per treure endavant els conreus, va produir, també, el fenomen conegut (fins i tot en els pobles de parla castellana del País Valencià; Xest, Bunyol, Énguera, Monfort, Alcubles, Montanejos) del conjugar. No era solament la veu compartida, d'una expressió lingüística comuna, per que alguns d'aquests pobles, hagués tingut una repoblació de valencianoparlants en algun moment de la seua història des de el segle XIII (repoblacions de catalans, mallorquins i migrats interiors de les comarques valencianoparlants), sinó que era l'herència d'un consens sociocultural agrari, que venia des de la fundació i repoblació d'aquests pobles en la reconquesta, on un minvat grup de famílies repobladores necessitarien i molt, de l'ajuda mútua per sortir endavant. I, és també avui en dia, l'expressió cultural d'unes pràctiques compartides, unes pràctiques culturals (ho vorem al capítol següent) valencianes. Vitícolament, els viticultors valencians s'expressaven solament en una cultura, la cultura valenciana de la vinya i el vi.

Per als que no eren mitgers - casers, per als parcers, menuts viticultors i jornalers que vivien als pobles, la vinya exigia un esforç afegit, doncs les parcel·les eren lluny de la vila. Fins i tot als pobles de les riberes fluvials, la majoria de la vinya estava a la muntanya, això era una hora i mitja de carro d'anada i el mateix de tornada, des de la vila fins a les messes, garrigues i piemonts, on hi eren els bancals. Als pobles de parla castellana, deien, quan havien de llaurar, mangencar o recollir de garrofes, olives o raïm "*ir al monte*". Sortien ben prompte, s'alçaven de matinada, quan era de nit encara, "De bon matí trencant l'alba", canta el grup Al Tall, i això es el que feien. A les 4 del mati s'alçaven, preparaven un sustent lleuger, fet amb llet barrejat de xicoira, o xocolata, o malt i molt excepcionalment, fins i tot cafè. Després a raspallar el mul, veure si havia begut i menjat, comprovant al pessebre les garrofes i farratge consumit, anant a continuació a preparar el carro. Després li posava la manta al mul i la cabeçada, un estri, fet de cuir adaptat al cap del mul que servia per fixar l'orientació del mul i que no s'estranyés de sobte. També se li posava la collera de llaurar i el selleto, per on passaven els ramals i tirandes, que venien de la cabeçada i la collera. Al davant, a més, se li col·locava la serreta i el *bocado* (posades al nas i boca de l'animal), una vegada preparat, el treia de la quadra, deixant-lo al pati, mentre preparava el carro baixant-les, els braços doncs havia estat enculat tota la nit, que era la seua posició de repòs. Agafava el mul per a conduir-lo marxa enrere per enganxar-lo al carro, se passaven unes corretges amb una sivella baix la panxa del mul, per que el selletó estigués ben unit al carro, ben segur i no es mogués. Posava el carro baix l'andana on hi havia el forcat, i el baixava a la capsa del carro, nugant-lo ben nugat. Ben sovint, cridaven amb veu forta al menuts; nebots i germans menors, si eren a la casa, perquè s'alçaren i es prepararen. Aquests després de beure el desdejuni, anaven al rebost, agafaven la barsa del menjar, una cistella allargada d'espart, i l'omplien amb una fogassa de pa, dins d'un sac de tela nugat per la boca, un bon tros de pernil, una tomaca grossa, un tonellet de 3 litres ple de vi de Mersseguera i PX, de 15°, criat a la bóta vella del celler, del que penjava un tros de canya tallat obliquament per a poder beure el vi al gallet, un pot d'olives, el saler (en un tros de canya, un canut, com els del joc del mateix nom, tapat per un tap de suro) i una setrill era de fang amb l'oli, i un tovalló damasquinat. Als dies d'hivern freds i secs, la mare havia cuinat una olla, o un fregit de tomaca de les que havien fet de conserva per tot l'any, amb una generosa ració d'embotits que, com el pernil, eren d'elaboració pròpia, doncs un parell de porcs eren criats al corral de la casa, per la matança destinats a l'autoconsum (6). Era un sistema de subsistència complet, sa, proveïdor d'energies per a les dures tasques del camp, era una subsistència plena de valors gastronòmics (com ja enunciaren Brillat-Savarin i Joseph

---

(6) Els porcs, eren criats i alimentats a les porcateres situades darrere de la quadra del mul, i ben alimentats, doncs la mare de la casa els alimentava amb les deixalles del menjar humà mes creïlles ben madures, bullides i barrejades amb cereals triturats, corfa inclosa. El pernils col·locats damunt del sostre de al final de la escala que pujava a la cambra, s'eixugaven durant tot l'hivern i la primavera baix un mantell de sal, farcit de trossos de llima.

Berchoux) (7) que avui s'ha perdut. Els nens pujaven a la cambra per agafar el meló de tot l'any, si era a la tardor, o tornaven al rebost per agafar figues seques, si no havia fruites fresques. Plenaven la botija d'aigua que es penjava a una borsa de cuir enganxada a la baranella del carro, comprovaven si la navalla i el falçonet estaven a la barsa, muntaven al carro el llegó i l'aixada grossa, més un parell de menudes i, embolicats amb una manta per suportar la gelor del matí, esperaven al carrer, que l'oncle o el pare tragués el carro, enmig de l'atronador soroll, produït pels cèrcols metàl·lics de les seues rodes, quan passaven sobre les pedres de granit que farcien l'entrador de la casa a dos mans. Els nens guaitaven quiets a la porta de la casa fins que el llauro, amb barret de palla a l'estiu, i de pany a l'hivern, aturava el carro, feia les ultimes comprovacions de les corretges, ramals, tirandes i el selletó, així com que el forcat estigués ben assentat en la capsa del carro, tirava fort

---

(7) Anselme Brillat-Savarin, escriptor i revolucionari girondí, que crea amb la seva obra "La fisiologia del gust" (Paris 1825), la intel·lectualitat practica i la teòrica de la cultura gastronòmica neixent amb la caiguda *l'ancien regim*. Defensava amb lúcida certesa històrica, que la gastronomia esta relacionada directament amb la salut i naturalitat del producte, mes que la del *chef*, tot i la importància que donava als cuiners. Prengué "el nom de la paraula *"gastronomie"* del poema creat per Joseph Berchoux al 1801, que era a mes de poeta, agricultor. Joseph Berchoux, Advocat, poeta i agricultor francès (1765-1839), autor del poema de quatre cants "*Gastronomie ou l'homme des champs à table*" . D'on es prengue el neologisme *gastronomie* com mot descriptiu de la cultura del menjar i del beure.

dels frens com a última comprovació i lentament conduïa el carro cap als afores del poble guiant el mul de la mà, agafant el ramal del cabeçada de l'animal de tir. Quan arribaven a les afores del poble, al creuament amb el camí del transit, al costat de l'abeurador, pujava al carro asseient-se al braç esquerre, i deixant caure la cama esquerra a l'aire o deixant el peu sobre un pescant, agafant les tirandes amb la mà dreta, l'esquerra es deixava lliure per a agafar el fre i en cas que fos necessari el fuet o assot. En eixe moment deia a les criatures que pujaren per darrere, mentre el llauro tirava ben fort de les regnes, xafava el fre, i aquietant l'animal, "so mul, quiet".

El carro, tirat pel mul amb el forcat assenyalat a l'esteva per uns draps vermells i amb un fanal d'oli enganxat a la baranella, es dirigia cap a les garrigues, mentre un gos de corral enganxat al cul de carro, tirava d'ell, tant com el mul. Després de girs i revoltes i un ziga-zaga per camins més solitaris a cada revolta, i mes costeruts, s'arribava a un bancal rectangular, embotit entre dos ribassos, dos murs de pedra viva, situats un a la part d'alt i l'altre a la part de baix, de sis o vuit fanegades, ple de ceps vells, hirsuts, recargolats, que guaitaven silenciosos la feina del homes i animal que l'han cuidat durant anys. El llauro atura el carro baix de la garrofera, baixen els nens i solten al gos que corre de dalt a baix com si cerqués l'esperit de la vinya. El llauro desenganxa el mul, i li alleugereix la sivella del selletó, separant-lo del tir del carro, canviant-lo pel del forcat, després d'haver-lo raspallat i llevat el suor, pegant-li volta a la manta que duia baix el selletó. Enganxat el forcat al mul, el llauro s'enfronta a la primera filera de ceps plantats en un terreny de terra secà, amb còdols i trencalls ara sorra, ara argila, ara calcari. Sobre aquesta terra seca i dura, el ceps de la *vitis* mil·lenària desenvolupen, diferent del de l'home, el seu cicle vital.

Escala botanica
Classificació de les vitacees

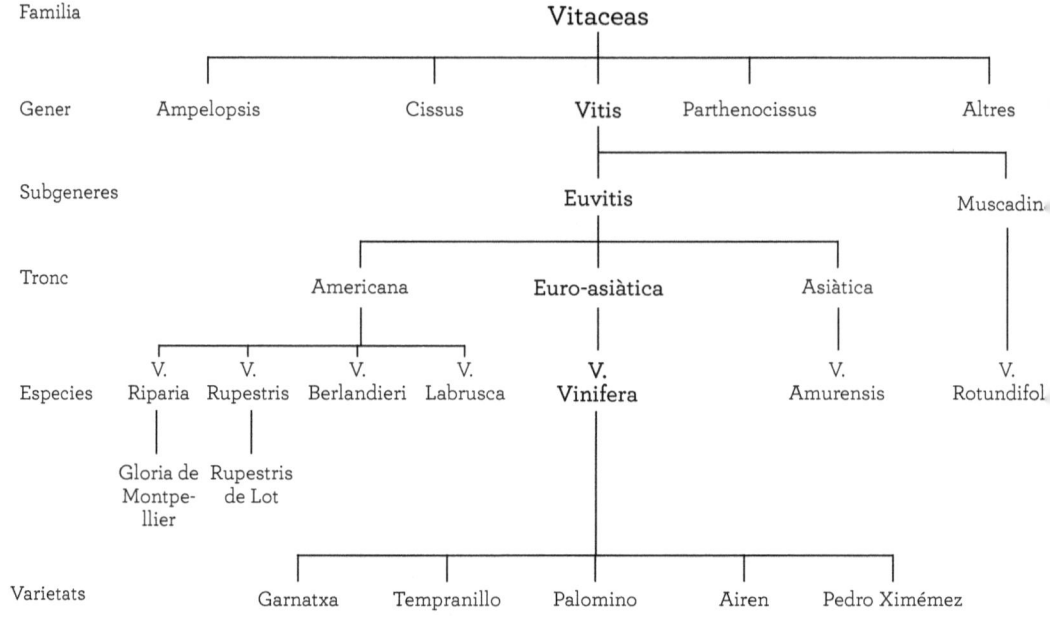

Capítol IV
Pràctiques vitícoles tradicionals

La *vitis vinífera subesp. sylvestris*, l'únic raïm que pot donar most vinificable, i el vi que tots coneixem (1), es conrea a les àrees temperades del planeta des de fa set mil anys; als climes desèrtics, tropicals i subtropicals no es desenvolupa. Als climes freds, el raïm no madura suficientment.

(1) A l'escala botànica adjunta (vegeu fig 1, *clasificación de las vitaceas*) podem observar que del subgènere *euvitis* surten dues branques: la euroasiàtica (que es la espècie *vitis vinífera sub sylvestris* que dóna els most vinificables) i la *vitis americana*, amb les seus especies; *v. riparia*, v. *rupestris, v. berlandieri*,i *vitis labrusca*, que eren especies que es trobaren silvestres al continent nord americà. Quan s'importaren aquestes espècies a Europa per a conrear-les i domesticar-les, (doncs pensaven els productors massius de vi que donada la seva ufanor donarien mes producció per cep), s'endugueren un paràsit, la fil·loxera que vivia amb aquestes plantes. Aquesta va ser la causa del cataclisme, realment una desfeta ecològica, doncs aquell paràsit simbiòtic, es va convertir en un depredador posat en un circuit tancat, amb tota una espècie desconeguda al seu abast, la *vitis vinífera* sub. espècie *sylvestres*. No és estrany que, en tan sols quinze anys destruirà quasi 2,500.00 de hectàrees de vinya solament a França. És, ni mes ni menys, el que a un depredador li costa fer-se amb el sustento que té a l'abast en l'espai en el que ha aparegut de sobte.
És un procés semblant al de la pigota, que dugueren al continent americà els

Cadascuna de les varietats d'aquesta espècie, siguin d'origen meridional o septentrional, té unes exigències climàtiques mínimes manifestades pel seu umbral de creixement, la suma de temperatures i les hores d'insolació.

La *vitis vinifera* subespècie *sylvestris*, és un arbust trepador (de gènere de les liliàcies) que pertany a la família de les *vitaceas*. Dels generes d'aquesta família, solament el euroàsiatic, el subgènere *euvitis* (veure escala botànica), del gènere *vitis* (que contempla també, l'altre subgènere la *muscadina*), dóna most vinificable.

La viticultura es practica al País Valencià des de fa quasi 3.000 anys. L'alt de Benimàquia (un turó prop del Montgó, a Xàbia -la Marina Alta-) és el primer lloc de la península Ibèrica on es va practicar la viticultura i es va fer vi, al segle VIII abans de Crist. El segon lloc de la península Iberica, on es va conrear la viticultura i també es va fer vi es a Kelin, a la Plana de Requena-Utiel, al segle VII abans de Crist.

---

espanyols, quina defensa tenien els habitants del continent davant de la nova plaga? quin grau d'immunització podien desenvolupar? Finalment la solució es va trobar amb les mateixes especies de *vitis* americana importades. Plantar a terra la vara americana, de *rupestris, riparia* o *berlandieri* i sobre aquest peu, empeltar-la vara europea de la vinífera triada, Moscatell, Giró, Garnatxa, Boval, etc.

Tartessos, fenicis i grecs varen dur les primeres tècniques de conreu i organització de l'explotació vitícola, que els ibers desenvoluparen localment en enclaus, fins que els romans, des de el segle I abans de Crist, organitzaren el territori vitícola valencià i dins del seu *agger* agrícola. Malgrat que el conreu en parral, tal com s'ha practicat a les regions vitícoles de l'Europa septentrional, es coneixia i va ser desenvolupat pels romans fa 2.000 anys als dominis vinicoles valencians de las *vilae rusticae et fructicae*, la plantació al País Valencià, ha estat, tradicionalment, en vas (got). El conreu de la vinya és de secà i el parral necessita aigua per al rec, encara que siga de salvació, com s'ha desenvolupat al País Valencià, des que al 1980 es plantaren els primers ceps en parral en la era moderna. El País Valencia es un país eixut, de muntanyes i garrigues, amb unes poques riberes i planures litorals fèrtils, on l'agricultura es conrea intensiva i extensivament. És un país d'oliveres, garroferes ametlers i vinyes, més que el de l'imaginari d'horta i vergers. En aquest país sec, i agrest, la vinya ha tingut el seu *homeland*. A l'època de la dominació musulmana, del segle VIII al XIII, desaparegué el vinyet llatí i l'elaboració generalitzada de vi que es va anar desenvolupant a les *vilae rusticae et fruticae* romanes durant segles fins convertires en uns dels pimers vins del mediterrani. Durant l'època musulmana els ceps van ser arrancats o abandonats, tot i que algunes varietats, com la moscatell, es van respectar donat el seu doble ús, com fruita i com pansa. Algunes elaboracions destinades a la destil·lació per als medicaments i perfums es varen fer, amb l'autorització dels alfaquins islàmics, però, la vitivinicultura no es va estendre de nou al País Valencià i construït els cellers, fins a la reconquesta cristiana. L'espinada d'aquesta restauració va ser possible gràcies a les ordes religioses, especialment les militars: del Temple (més tard Montesa) i de Sant Joan del Hospital de Jerusalem.

La vinya es un vegetal portentós, gracies a la seva heteroziguitat, té una gran capacitat d'adaptació. Es pot reproduir per les seus llavors, però, la millor forma és per mitja de la plantació del seus esqueixos. Així, s'ha escampat per tot el món, on ara es conrea. Transportant les vares podades en al seva època de letargia, – a l' hivern- es pot plantar en terres ben llunyanes. Així, va passar amb dues de les varietats històriques valencianes; la Malvasia i la Monastrell, que els almogàvers dugueren al tornar de l'expedició de la Corona d'Aragó a l'orient a principis del segle XIV.

La seua capacitat de mutació i adaptació, l'ha fet estendre's per tots els continents. Abans de la darrera glaciació, fa 15.000 anys aproximadament, tenia dos sexes i necessitava l'acció dels animals i el vent, per a fecundar-se. Tenia, també, un sol color (el negre). Després de la glaciació va sortir amb un sol sexe i tres colors de raïm (el blanc, el gris i el negre), les dues primeres havien perdut, per la manca de llum solar, durant la glaciació, no solament el color, sinó també les substancies pigmentadores de la seua pell.

És, aquesta capacitat d'adaptació i plantament per esquetx, el primer llenguatge interactiu que es va crear entre la planta i l'home, entre el cep conreat i el seu viticultor. Ho vorem més endavant, als següents capítols. Els viticultors, i els valencians han estat mestres en això, han sabut millorar les varietats per empelts i creuaments, i fins i tot crear-ne de noves, com es cas de la Tardana o Plantanova, al segle XV.

Els viticultors valencians van estendre la viticultura arran de la conquesta del segle XIII pel rei de la corona d'Aragó Jaume I, arreu el país. Els nouvinguts varen recuperar de les obagues les *vitis silvestris,* conreant-les de nou fins domesticar-les, i que a més batejaren, com és el cas de la massadera o planta trobà (Merseguera), entre altres. Les pràctiques que explicarem a continuació poden semblar tradicionals però, són, sens dubte, civilitzades. Amb elles, la vinya es va escampar pel mon, i amb elles els viticultors valencians varen conrear durant segles vins de qualitat internacionalment reconeguda com *l'Alikant*, el Fondellol, el Carló, el Moscatell de la Marina o el Cartoixa produït a la Cartoixa de Portacoeli (Camp de Túria).

Aquesta espècie vegetal tan extraordinària, té en realitat, dos cicles vitals cada any. Després de la verema, al finalitzar la tardor i iniciar-se l'hivern, el cep entra en la seua fase de letargia, que dura fins a la finalització de l'hivern i l'arribada de la primavera. És a dir, durant el dur hivern, el cep allibera el seu protector d'atenció i de feines generals, solament dues d'especifiques, la poda i la mantornada.

És als sis mesos següents –la primavera i l'estiu mediterranis–, en què el cicle vitícola realment es desenvolupa, entre la brotació (el despertar de la letargia i inici de la vegetació al cep) i la maduració del raïm (que donarà pas a la verema).

4.1) Adquisició i rompuda d'un nou vinyet

Al terme de Xest (la Foia de Bunyol) hi ha una partida, *Las Amoladoras*, amb una història, que il·lustra el procés de posar-hi en marxa un nou vinyet, on abans hi havia la terra erma. *Las Amoladoras* fa honor al seu nom, el lloc on hi havia pedres de molar, doncs aquesta partida, està enganxada al declivi d'una mola menuda, no gaire alta d'on havien caigut despenyades grans pedres d'on s'extreien les pedres d'esmolar. Allí, a un bancal, que era un tros de terra rectangular de 6 fanegades limitades per l'inicií del menut altiplà d'una banda, a l'oest, i a l'altra per un ribàs, a l'est, de 2 metres d'alçada i envoltat per les garrigues del piemont, que ascendeix cap el "portillo" de Bunyol que condueix al gran l'altiplà del Rebollar. El bancal, que no tenia cap conreu quan va ser adquirit per una família d'humils viticultors, donava una sensació d'abandonament, ocupat solament per grans i dures pedres granítiques que feien la rompuda i el conreu impossible. Aquest bancal de, las Moladoras, va ser adquirit per una família xestana de viticultors. Si aquest xestans, durs com les mateixes pedres moladores, compraren aquest tros de terra amb la intenció de plantar vinya, va ser perquè la seva humil economia no els permetia comprar-ne un altre de millor situació, realment no en podien comprar un altre. Per al propietari, venedor, tampoc era fàcil trobar una altra oferta de compra, doncs apartat de l'agger xestà més a mà, lluny de la vila, amb una altitud de poc mes de 260 metres i sense aigua, solament podia vendre'l a gent capaç de conrear-lo a base d'un esforç físic extraordinari i d'una constància tan ferma, com la del temps que estaven les pedres al bancal.

Abans de rompre i plantar el vinyet, calia traure les pedres. La família (composada per pare, mare i tres fills fadrins que no arribaven a la trentena, un mul, un carro i dos gossos de corral) podia plantejar-se la feina conseqüent a l'adquisició. Però, no obstant, necessitaven conjugar-se també amb altres membres de la família de la mare. Així, al mul i al carro propi, es sumaren un cavall de tir (un perxeró) i un altre mul, a més d'un carro de braços llargs de doble tir, en tàndem propietat d'una família del clan matern.

El tres fills, ajudats pels seus cosins de la mateixa duresa i edat, atacaven les grans pedres de més d'una tona de pes, i de dos metres de diàmetre, amb maça i cisell, mentre els nebots, criatures de vuit a deu anys, aguantaven les tenalles que cenyien el cisell. Colp a colp, hora rere hora, dia rere dia, setmana rere setmana, amb una titànica constància, colpejaren, amb la fe dels humils, fins que la pedra es quarterava en uns trossos que es podien enganxar als muls guiats pels pares, per mitja de grans corretges i tirandes, per tal d'arrossegar-los fins a la cantonada del bancal vora el camí. Mentre, les dones, amb cabassos i barses, recollien les pedres menys grosses (quasi com a melons de tot l'any), portant-ne, algunes, als carros i apilant-ne altres a una cantonada del bancal, doncs la pedra és la pedra, i més tard aquestes s'utilitzarien per a murs i ribassos en altres bancals, així com la construcció d'aljubs i "casetes de setmana". Així, mes, rere mes, fins que el bancal tingué un aspecte encara erm però, no dur.

Amb la rompuda, tornava la soledat del viticultor en el bancal. Durant unes setmanes es llaurava ben profund, amb la xaruga de pala fixa. Calia airejar la terra després de llarg temps sense estriar-la. Com que aquesta eina solament pot llaurar en un sentit (girar la terra en una sola direcció), era útil per a un bancal sense cap planta, podia aprofitar el gir, ara cap amunt, a continuació, ara cap al contrari, i no perdre temps. En els casos que calia aprofundir s'utilitzava una eina, "el malacate", a la Ribera Alta (Torís i Montserrat) i la Foia de Bunyol, (des de Xest a Alboraig), doncs calia remoure més profund la dura i seca terra, i traure el moll del sòl, sota la capa massissa de terra dura.

Si el bancal, una volta remoguda la terra, tenia algun cuc (estrany el cas, doncs no hi havia hagut cap planta o arbust), el viticultor espolsava calç, i després passava la rella. Aquesta tècnica, una pràctica ben coneguda des d'antic, va ser també una de les utilitzades pels agrònoms quan arriba la fil·loxera. La calç, i més quan plovia i es diluïa amb la terra, feia impossible la generació dels cucs i els matava quan es movien per baix terra.

Al gener- febrer es preparava el bancal per a la plantació, doncs els compradors havien tingut en compte el calendari, no solament per les feines estacionals, i la preparació del bancal, si no també per l'època de la plantació, unes setmanes abans de l'arribada de la primavera, i per tant de la brollació. Primer es marcava la filera, a la capçalera mes estreta del bancal, pintant unes pedres amb calç blanca a l'inici de cada filera, i es feia el mateix a l'altra banda del bancal. El marc de plantació era de 2 metres per 2 metres, conegut també com marc reial, que ha estat, en general el més plantat al País Valencià amb un percentatge del 83% a les comarques vitícoles de les riberes dels rius Millars, Palància, Túria, Xúquer, Montnegre i Vinalopó a finals del segle XIX. Altres ben utilitzats eren "*en línia*", sistema que tenia un 12% de la plantació a les esmentades comarques, però que arribaven a un 50% a les àrees muntanyenques de les comarques de el Maestrat i els Ports (on el bancals eren a terrasses llargues i estretes), i un 11% a les comarques de la Marina i l'Alcoià - El Comtat. L'altre sistema de plantació era al "al portell", utilitzat entre un 5 i un 6% arreu el territori del país, i per últim sense ordre ni forma, hi havia un 0'30%.

Aquest marc de plantació, el marc real, amb el que cada cep aprofitava una superfície de 4 m^2 de terra, permetia la labor d'estriar, taulejar i aplanar d'una forma racional i pràctica. Així, amb aquesta ocupació de superfície, es podien plantar, com a màxim, 2.500 ceps per hectàrea, és a dir, uns 208 ceps per fanegada. En realitat, mai se'n plantaven tants. El viticultor valencià deixava, en un bancal d'aquest tipus, a banda i banda del bancal, 2 metres a la llarga sense plantar. Eren espais reservats per plantar unes garroferes, que eren estratègiques, doncs alimentaven el mul al mateix bancal, i donaven de més per a emmagatzemar-les durant tot l'any, a casa, a la cambra situada d'alt de la quadra, de forma que no manqués el sustent del bestiar de tir. A més, tenia altres aprofitaments, doncs els garrofins que el mul, intel·ligentment, no mastegava, queien per un sedàs metàl·lic, a un recipient baix el pessebre d'on es traïen per a vendre a uns corredors de la indústria alimentària (extractes i fabricants de xocolata) que visitaven les cases dels agricultors de tots els pobles, i que eren un dels pocs profits comercials que traïen de la seva activitat agrícola, orientada clarament a la subsistència i autoconsum.

L'espai buit sense plantar que envoltava els ceps, tenia també la necessitat logística del moviment, és a dir per girar el forcat i maniobrar el carro. Però, també per que els viticultors sabien que les fileres de ceps properes a límit del bancal, prop de la paret de la muntanya, del ribàs o dels arbres, donaven poc fruits, i que aquestes fileres eren on es produïa el més alt percentatge de *"fallades"* i ceps morts que no se'n sortien després de la primera brollació. Eren, per tant, coneixedors del fet que no calia l'esforç i la inversió de posar una filera mes de ceps a banda i banda del bancal. D'aquesta forma, la plantació real (depenent de la configuració del bancal: rectangular, quadrat, trapezoïdal) per regla general, era al voltant de 2.000 ceps, per hectàrea és a dir, 167 per fanegada.

Abans de la plantació, es marcava el terreny per que la disposició dels ceps tingués una ordenació geomètrica. Als laterals es plantaven unes estaques cada 2 metres i es tirava una corda, mesurada ja abans, al llarg del bancal, que es tensava quan arribava a l'altra banda. Al llarg de la corda, s'espolsava calç per a marcar la línea de les soques dels ceps. Cada dos metres es col·locava un canyot fendit per la part de dalt, i al llarg de la fila de canyots, a la fenedura, es posava la corda que marcava la filera. Després, amb càvec, aixades i una fanga de quatre puntes amb una trava que els unia, el plantador anava cap arrere en sentit contrari al terreny llaurat. Amb el càvec feia la soca, amb la fanga donava la consistència al forat fet a al terra i l'aixada li donava forma de quasi un quadrat de 20 cm en cada costat, a la soca cavada, que tenia una profunditat de 25- 30 cm. En ella es plantava una vara de 65 cm., que fins a l'arribada de la fil·loxera no s'empeltava. Després, amb l'aixada i la fanga de pala, es tapava la soca, fent-ne un muntonet sostenidor al costat de la vara, rodejant-la. Al finalitzar la plantació de la filera, es retirava la corda, es recollien els canyots i es marcava la filera següent.

Les vares plantades eren material vitícola propi, és a dir de les podes anteriors, conservats a les cambres de la casa o del mas, fresques. S'agrupaven unes quantes vares (sarments) en un farcell, embolicats amb una tela de jute i es buscava una cambra adient. Es col·locaven horitzontalment, doncs als ambients massa secs i massa airejats, corrien el perill de eixugar-se, mentre als ambients massa càlids corrien el perill d'una brollació primerenca, i als massa humits, tenien perill de putrefacció. És buscava garantir la seva estabilitat higrotèrmica. Es penjaven els farcells, com melons de tot l'any, de les bigues de la cambra que hi havia dalt de la *"bodegueta"*, el lloc de la casa més estable en temperatura i humitat, a diferència de la cambra de dalt de la quadra del mul, massa càlida i humida, per la palla conservada per menjar el mul, la cambra que hi havia a continuació i que donava generalment al carrer de darrere de la casa a dos mans on hi havia "la porta falsa", era en canvi massa airejada per conservar be les garrofes emmagatzemades.

El viticultor que disposava d'un planter, i els que agrupaven els seus esforços conreant uns menuts vivers col·lectius, disposaven d'unes soques a determinats bancals en cada terme, on conservar-les per a produir plançons nous. A finals del segle XIX, hi hagué un associacionisme agrari pioner a l'agricultura valenciana, mitjançant el gremialisme d'aquests vivers, com bé va demostrar històricament l'organitzadísima "*Sociedad de Labradores de Bunyol*", exemple de societat civil de valors il·lustrats. Així, gracies aquest gremialisme dels viticultors, les varietats tradicionals i autòctones valencianes, s'escamparen arreu el territori veí, l'*encepament* vitícola valencià, perseverant el concepte identitari de domini vinícola, heretat de la cultura vitícola romana.

4.2) *La Poda*

La letargia de la *vitis* permet, no solament la plantació dels esqueixos, sinó, també, podar (tallar) els braços (sarments) crescuts des de la primavera anterior. La vinya es una liliàcia, una grimpadora, i si no es poda cada hivern, creixeria fins fer un gran emparrat com succeeix a Grècia, fins i tot per a fer ram vinificable.

Al ple hivern, quan la planta esta en la letargia (no cal oblidar que la vid es un arbust perenne llenyós), es fa la poda dels sarments crescuts després la ultima brollació. Donat el sistema de plantació i conreu tradicional al Mediterrani occidental –en vas-, el sistema de poda tradicional, quan a principis del segle XX arriba la fil·loxera, era la poda en curt. Per fer aquesta feina calien eines especifiques, astrals i sicatóns.

Es tallava, a la base del polze, el sarment desenvolupat sortit de la primera gemma, deixant-la com la fusta de reemplaçament, i deixant 2 o 3 gemes franques d'on sortiran les branques noves. Els viticultors coneixien la importància de l'equilibri entre la fusta i la fruita i conduïen, mitjançant la poda acurada, el creixement sense fer malbé a la sàvia (talls que deixaven calcinals cònics podien influir en la circulació de la sàvia i per tan en el desenvolupament de la fusta) deixant les gemmes axil·lars i ignorant les gemes cegues.

La poda era una tasca laboriosa i dura, feia fred i, els guants dificultaven els talls, sobre tot si no es disposava de sicatons i es feia amb destral. Cada cep, donava un bona garba de sarments que calia recollir i nugar, i ací també calia l'ajuda dels nens i les dones, que anaven a recollir els sarments quan la poda era finalitzada (es donava prioritat al tall).

Els sarments tallats, eren vitals per la vida domèstica, era la matèria energètica per a la calefacció. Després de separar els sarments dels ceps que, a la vista, estaven més sans i eren més vigorosos i productius, –una selecció com qualsevol altra– per futures plantacions i reposició de faltes, la resta dels sarments es duien a la casa o al mas, per tindre material per a la llar i les estufes i així obtenir calor a l'hivern, i per combustió del cuinar de la llar. També, es deixaven un bon grapat de farcells al bancal, per a que el viticultor pogués fer foc i calfar-se ell i el dinar, quan calia treballar a la vinya a l'hivern. Si un any les coses havien anat, no gaire malament, si el temps havia acompanyat i havia respectat plantes i fruites, si la família havia tingut bona salut, i si les parts de la producció que destinaven a la comercialització, havien produït uns diners amb els quals comprar les necessitats que no podien fer-se amb la seua economia d'autoabastiment i bescanvi, es feia una de les joies de la solidaritat agrària, produïda per les vegades que uns i altres s'havien conjugat: la sarmentada. Les famílies que s'havien conjugat i havien compartit esforços es reunien en un bancal i cremaven un bon foc de sarments, un foc d'uns quants metres quadrats d'amplària, uns dies abans de la primavera, en un lloc sec i erm, sobre un mantell de còdols i pedres. Sobre ells, es torraven xulles del corder sacrificat no feia gaire, i morros i costelles de porc de la matança casolana propera. Era un bon moment per al clan, s'hi xerrava, els nens jugaven amb el foc, amb la sempre cridanera veu dels grans, correctora i disciplinant. Si algun membre disposava d'una gràcia, sabia xiular, tenia un cos de goma i podia saltar sobre ell mateix, o doblar-se com un contorsionista, cantar, dir un versos o entonar una cançó popular, eixe era el moment.

"Tia Maria, Tio Visent,
Tio Visent, Tio Visent,
saquenos les tortes finequies
i el vasico d'aiguardent"

O un altra, com aquesta que cantaven al tornar de les feines:

"Ampolles el labrador,
Con su mula capitana
Y su forcat baladino
En el bancal del Ramat
La pintà cara al camino".
(en xestà antic).

Es contaven histories populars, i llegendes, entre el mite i la veritat. Si havia hagut alguna batalla dels carlins propera, o anècdotes i histories del temps dels moros, el més vell contava la història i si algú havia fet el servei militar lluny o havia estat a alguna guerra colonial, el punxaven perquè sortira del silenci sagrat i ho contés, doncs mai es referia a eixa època de la seua vida; si així era, eixe era el dia senyalat per a fer-ho, perquè durant la resta de l'any, ni obria la boca si no fos per parlar de la feina i dels temps. La sarmentada no es feia sempre, però, els nens sempre preguntaven quan s'anava fer, "Pare!, oncle!, farem la sarmentada?, !Sí mante, la farem! Quan?, Quan hi haja sarments!, Ara treballar i a callar". Si un any no es feia, els nens, amb memòria prodigiosa, li recordaven al oncle o al pare, "!Vostè em va dir que faríem focs amb el sarment i no ho hem fet! Calla i a treballar, que si no! si te donaré una sarmentada!".

Una conseqüència de la recollida de sarment, i donat que en aquell temps no es feia el despuntat, era que els farcells de sarments tenien un aprofitament econòmic. El sarments engarbats, tenien una forma prou regular, a la Foia de Bunyol li deien el "garbó cipresí", per la forma en que quedava fet el farcell de sarment, paregut a l'esmenta't arbre. Els sarments produïen, al canvi del segle XIX - XX, una activitat econòmica de bescanvi, dons eren estimats i requerits per aquells habitants de la vila que no disposaven d'ells, canviant-los por serveis del seu ofici, ferrers, boticaris, metges, mestres, funcionaris municipals, o per feines, que aquesta gent podia fer el diumenge; podar, esporgar o veremar. Els sarments eren necessaris per a la calefacció domèstica, no hi havia energia elèctrica i per tan es vivia de la calor produïda per les estufes i la llar domestica.

4.3) *El Llavorar Agrícola*

A la mantornada, després de la poda i abans d'iniciar-se el període vegetatiu, es tornava a la vinya per llaurar-la i airejar-la, llevant-li les herbes i el gram apareguts amb les pluges de l'hivern. Es feia, abans del període vegetatiu, una llaurada àmplia i profunda, amb la magencadora, per evitar la destrucció d'arrels superficials horitzontals que creixien amb les pluges de l'hivern, doncs la destrucció d'aquets tipus d'arrels, donava un perill afegit a l'aparició de la podridura. Es tractava d'una feina manual, feta amb cura pel viticultor, que calia ajuda dels nens per retirar del bancal les herbes arrancades.

A la primavera es passava la rella amb dos accessoris, el tallant i les aletes, per desfer l'herba, que havia tornat a aparèixer, amollir la terra i evitar l'evaporació hídrica, feina capital a les terres de secà. A l'estiu, el taulejat era necessari per esclafar, anivellar i aplanar el terreny llaurat, després de passar l'última rella. En general, un viticultor passava de 4 a 5 relles cada any, i això el situava al màxim de la seva capacita física del conreu de l'explotació. A la vinya, a l'estiu, l'ataular tenia una funció important addicional, fer pols (s'ataulava quan estava sec però, no àrid) per escampar pols als pàmpols del cep, amb la creença, mai desmentida pels tècnics, que un cep cobert de pols per la taulejada resistia millor l'aparició del *mildiu* i *l'oidium*.

L'antauladora de la vinya, era plana sense ganivets ni bastonets o "coltellets" a la part de baix, la que tocava la terra. Sí que tenia, en canvi uns ferros transversals clavats per la part de baix, amb claus de cap gros, que feien una lleugera desgravació de la terra. Com que l'antauladora era dirigida pel viticultor damunt d'ella, un pes de uns 80 kg era afegit a l'acció de l'antauladora o aplanadora. L'antauladora tenia una mida d'un metre 20 cm d'amplada i 1 metre de llarg, i era enganxada al mul amb unes corretges mixtes fetes de cuir i graons de cadenes.

L'abonament de la vinya (entre el final de l'hivern i el mes de maig) es feia en uns períodes entre 3 i 5 anys. Cada cicle depenia de la generació del propi fem produït per la quadra i els corrals dels animals domèstics, conills, porcs, galls d'Índies i gallines. El fem es treia de la quadra i el corral, es deixava al pati a cobrint-lo amb una lona, i uns dies després es carregava i es duia als bancals amb el carro. Es enfemava al mig de les fileres, i es tenia present on es deixava l'abonament per quan es tornés a fer als anys vinents. Donada la dispersió de les micropropietats del viticultor menut, cada any, destinava la producció de fem a un bancal o conreu. A les vinyes, que s'havia fet sarmentada, els còdols incinerats i les pedres trencades pel foc amb les cendres dels sarments, es repartien per la vinya i es passava una rella simple de poca profunditat. A les propietats dels grans dominis i heretats -on també hi havia conreus diferents- la generació de fem era mes nombrosa, doncs els animals de tir eren, en general, més de cinc, a més de tenir xicotetes explotacions de ramats pròpies, als quals els feien passar per tots els conreus i deixar les seves deixalles orgàniques, mentre menjaven les herbes dels bancals. També els emfiteutes, parcers, i xicotets viticultors agraïen el pas de ramats de xais que baixaven de les altes serres cap a les garrigues i piemonts, buscant les canyades o assagadors.

4.4) Llavorament vitícola

Ben entrada la primavera calia fer una poda en verd, de mida menuda, l'esporgada. Es tractava d'esporgar per a una poda amb la vegetació ja desenvolupada, per llevar-li els nets, sarments menuts, algunes fulles i branques supèrflues, perquè la saba es concentrés als sarments bons sortits de les gemmes axil·lars. Era un avenç de l'actual poda en verd, però, donat que no es despuntava, aquesta esporga menuda tenia el mateix efecte.

Els tractaments químics eren escassos, i no periòdics (no tots els anys). El principal era l'ensulfatada. Calia ensulfatar, doncs el caliu de l'estiu i el final de la primavera produïen, amb la humitat i les pluges, l'aparició de dues malalties criptogàmiques o fúngiques: el *mildiu* i l'*oídium*, que, malgrat que al País Valencià no tenen la freqüència d'aparició que a la viticultura septentrional i continental, quan apareixien, feien mal. Aquestes malalties no tenen tractaments curatius, però, si preventius. El viticultors de finals dels segle XIX confiaven en els seus coneixements empírics de la climatologia, basats en l'experiència als seus bancals, de la direcció dels vents, i amb l'observació dels fenòmens climàtics, dels meteors manifestats: humitats, boires matinals, caiguda o pujada sobtada de temperatures, la velocitat dels vents. Quan s'enrumiaven que les condicions climàtiques podien tornar-se humides i càlides alhora en extrem, ensulfataven la vinya.

Esquema d'un cep de Monastrell en vas

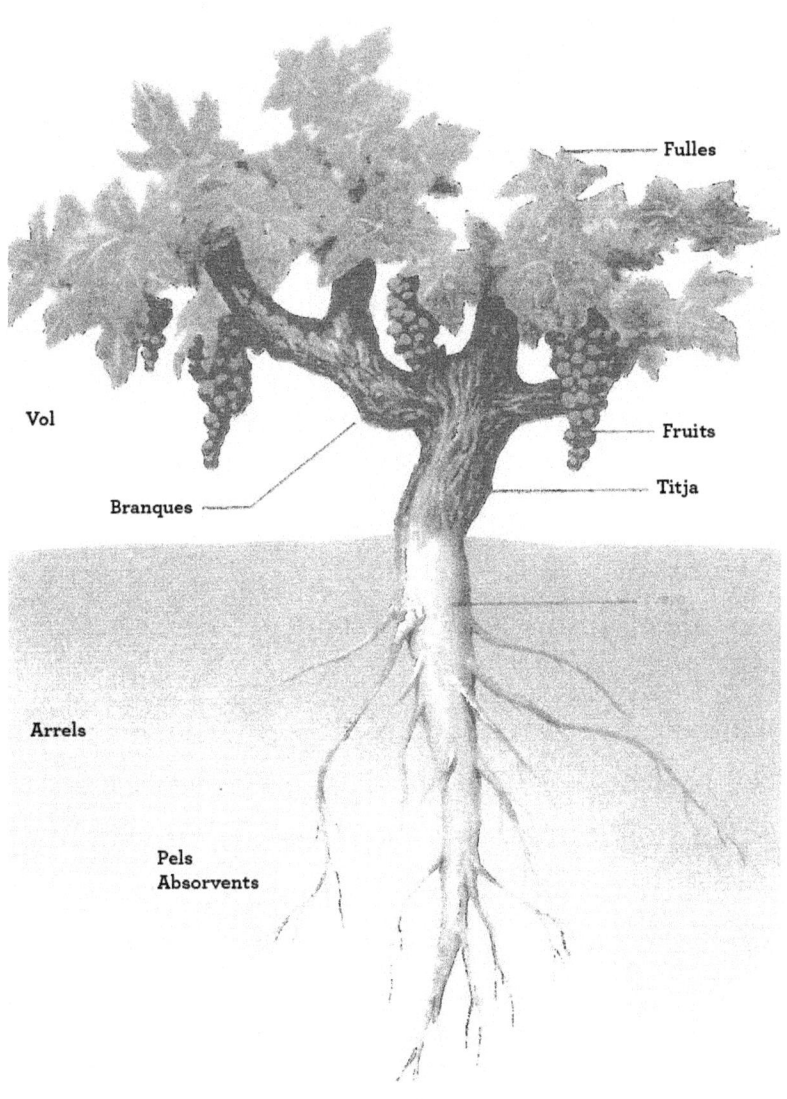

Calia preparar la solució a casa i transportar-la amb el carro a la vinya. El sulfat de coure és una matèria no gaire lleugera, i si a la vinya no hi havia aigua, calia transportar-la en un con de fusta de 400 litres de capacitat que posava la capacitat de carrega del carro al límit, i si, a més, el bancal estava a una cota ben alta amb costeres pronunciades, es necessitava l'ajuda de altres membres del clan, que es conjugaven amb el seu animal de tir, afegint-lo al propi. Ací, el perxeró era ben valorat, un tir doble, de mul i perxeró en tàndem, feia arribar el carro a les moles i messes mes altes del terme, o a les terrasses d'accés mes empinat. Aquesta era la raó de l'existència dels aljubs als bancals més llunyans de la vila (a més de tindre aigua per als animals, muls i gossos, i el consum humà), sobretot si els bancals tenien 10 o 11 fanegades, amb la qual superfície no hi havia prou aigua per a ensulfatar amb 380 o 400 litres d'aigua que contenia el con de fusta que podia transportar el carro. Aquests aljubs, i les altres construccions dels bancals llunyans de la vila i inaccessibles, cases de camp (el Vinalopó), "casetes de setmana" (la Foia de Bunyol, Els Serrans i la Ribera Alta), catxirulos al Camp de Turia i els Serrans, i casots, tan freqüents als països de l'arc mediterrani (casots a la Catalunya del nord; barraques al pla de Bages, la Terra Alta, el Priorat, el Camp de Tarragona i l'Empordà), tenen un fort paral·lelisme amb els talaiots mallorquins i menorquins. Tot i que tenen un desenvolupament civilizatori diferent, representen un dels símptomes culturals mes vigorosos i d'intel·ligència cognitiva dels viticultors de l'antiga Corona d'Aragó, la cultura de la pedra viva.

La ensulfatada es feia generalment a mà, encara que ja es coneixia l'ensulfatadora autònoma, una motxilla que regava la planta per mitja d'una boca ruixadora, que connectava amb una manega la motxilla penjada a l'esquena del viticultor, de la qual sortia la solució, gràcies a l'acció produïda per un èmbol manual, mogut per la mà del viticultor. A manca de motxilla, s'utilitzaven eines ben manuals, com la "la frígola", un manoll de plantes (generalment plantes labiades asomàtiques) que es mullaven amb el sulfat dissolt en un poal de fusta, si no se'n disposava d'un metàl·lic recobert de ceràmica. El viticultor duia el manoll de plantes i el poal, i sucava cada vegada que ensulfatava el cep banyant-lo de dalt pels costats, en sentit de les agulles del rellotge, en una acció prou baptismal. L'ensofrada era un tractament més contundent, doncs s'escampava el sofre directament, sec, espolsant-lo sobre el cep, amb un sac de jute, havent-se prèviament triturat - feina sempre abrasiva per les mans del viticultor - esmicolant els trossos que s'havien afeixugat, per el magatzematge o la humitat.

A la viticultura atlàntica, les eines eren ben diferents i nombroses, clar que també eren més necessàries tots els anys i, per tant, més desenvolupades: les *sooufflets* de diferents tipus, les ensofradores com la ingeniosa *musette a soufre*, *les souflettes mecàniques* amb reguladors incloses, i fins i tot unes mogudes per tracció animal per ensofrar mes ceps alhora. Fins i tot, hi havia ensofradores per treballar dos homes, per parelles. Les motxilles amb regulador inclòs i els polvoritzadors estaven en el límit de la tracció mecànica, eren, com ara, tancs autotransportables que irrigaven una parella de files per cada banda, solament que eren tirats per animals. (*Le matèriel vitcole*, R. Brune, editat a Paris al 1910)

Calia tenir en compte l'oratge, no solament pel tractament preventiu de les malalties, sinó també per la previsió de pujades de temperatura, després de l'ensulfatada, doncs una ponentada o una forta pujada de les temperatures, podien eixugar els grans del raïm. L'ensulfatada i l'ensoframent formaven part dels escassos tractaments químics de la vinya d'aleshores, i això quan es feien, doncs el *míldiu* i l'*oídium*, així com els seus tractaments preventius, no sovintejaven les vinyes de les serres i els piemonts valencians. Potser que a les vinyes dels rius Palància, Túria, Vinalopó eren un mica més necessaris.

Capítol V
Veremes i transport

El moment de la verema estava senyalat per la maduració completa del raïm, els vins que es buscaven eren forts, amb grau, amb cos. Un raïm madur, en el seu moment òptim de collita, té poca acidesa, amb l'excepció d'algunes senyalades varietats conreades en cotes altes: la Messeguera de la Serrania i el Pere Ximenes de la serra de Xiva, (Marjana, Alt del Vast, Los Visos, el Enebro), la Giró i la Tintorera de l'Alcoia-El Comtat. Els raïms es deixaven madurar, també, perquè hi havia una forta demanda de vins alcohòlics destinats a la indústria d'aiguardents. Les varietats de l'*encepament* territorial valencià eren, en negre: Monastrell, Garnatxa, Tintorera, Forcallada, Ferrandella, Mondragon, Subirat, Boval, Consivera i La Conya. I en blanques: Moscatell, Malvasia, Messeguera, Pere Ximenes i Planta Fina, Garnatxa blanca, Pansa Valenciana (Xarel·lo), Planta nova o Tardana, Polop i "Valensi", aquestes tres ultimes de doble us, de taula i de vinificació. Algunes de les esmentades han desaparegut d'aquest *"ençepament"* a causa de la fil·loxera. Aquestes varietats es divideixen en dos grups, en el de les varietats de maduració primerenca (setembre), la Moscatell, Malvasia, Garnatxa blanca, Planta fina i Tintorera. I les de maduració tardana (entre Sant Donís i Sant Lluc), la Monastrell, Boval, Planta nova o Tardana, Garnatxa i Pere Ximenes. Amb diferents dates de recollida segons la seua data de maduració, els viticultors tenien, per tant, un calendari programat, que els permetia encarar la recol·lecció amb possibilitats d'agafar i transportar tot el raïm de totes les varietats al celler

Una parcel·la de 10 fanegades podia produir entre 1.770 i 2.600 kilograms de raïm, i el carro podia transportar al voltant de 400 kilograms, o un poc mes. La verema es feia amb el falçonet, una falç menuda, de fulla corba amb el tall interior. Alguns estaven dentats per la part còncava el ferro, que s'encaixava en un mànec de fusta, i la seva mida variava entre els 8 a 20 cm. El falçonet s'utilitzava també per l'esporga.

Per a collir, el viticultor duia un cabàs o barsa d'espart, amb la mà esquerra protegida per un soquet de pell o cuir en el que s'introduïen 2 o 3 dits i agafava el penjoll de raïm, i amb la mà dreta, pegava un tall ràpid al peduncle que unia el penjoll al sarment deixant-lo caure al cabàs mentre s'agafava el penjoll següent que es tallava amb la mateixa rapidesa, l'operació era d'una rapidesa psicològica, es tallaven els penjolls i es deixaven caure a la barsa, sistemàticament, que amb el peu esquerre es desplaçava al cep següent. Un cep amb 1 o 3 kilograms de raïm, d'uns 8 o 10 penjolls es tallava en menys de mig minut. Quan el cabàs, de 25 cm d'alt i de 65 cm de diàmetre superior i 40 de base, al qual cabien vora a 10 kilograms, es plenava es duia al carro.

Si només es disposava d'un carro calien 3 viatges al bancal. El conjugar es podia fer per la verema, però donat que els altres membres de la solidaritat familiar havien de veremar també, s'exigia una bona planificació. Uns dies abans de la verema (la maduració anunciava ja la setmana de collita), els homes de les famílies del clan es reunien un dissabte a la nit per parlar de la feina i de com conjugar-se. La verema s'iniciava prompte, al trencar l'alba, i si hi havia tres carros i tres collidors més els nens i les dones, es podia fer un bancal en un o dos dies, apurant la càrrega. El camí de tornada a la vila era lent, els carros estaven plens, i els animals anaven moguts per la pressa del viticultor en tornar a la vila per a descarregar el raïm.

A les grans hisendes i heretats, el transport i descàrrega de la verema era més accessible, doncs hi havia més collidors, els mitgers i la seva família, a més que el propietari podia contractar jornalers. I també cal tenir en compte que les vinyes eren a prop del celler, al domini vinícola, en una reproducció clàssica de la part vinícola de l'antiga vila rústica romana, *la cella vinaria*.

Els cellers dels dominis vinícoles, heretats i gran hisendes eren els més grans i preparats. Trulls, piletes i canaletes feien el tecnograma més accessible, així com la recepció del raïm, més controlada i seqüencial. Alguns emfiteutes, parcers i viticultors menuts tenien a les seus cases petits cellers amb un parell de cups i unes piletes. Però la resta d'aquesta base socioeconòmica de la viticultura depenia de la màquila, o de vendre en depòsit el seu raïm als cellers comercials, o vendre'l als cellers de les grans propietats vitícoles.

La màquila s'enduia un percentatge en general, variava de les tradicionals cinc arroves de cada 100, fins l'abús. Els viticultors sense celler sofrien l'abús i l'especulació dels propietaris de cellers i heretats i dels maquilers. Encara no existien les cooperatives vinícoles, que nasqueren per lluitar contra aquests abusos i mal aprofitaments (les dues primeres; Xest i

Toris al 1919-1920), i no és gens estrany que a les comarques vitícoles, el moviment republicà i anarquista tingués tant de predicament entre els parcers, emfiteutes i xicotets viticultors, a més dels jornalers. Tots aquests, fins i tot, voluntàriament, iniciarien un moviment de col·lectivització a la dècada dels trenta del segle X X, ajuntant propietats, estalvis i economia, per a defensar el seu treball i producció. La Foia de Bunyol, la Plana d'Utiel -Requena, els Serrans, les Marines i el Vinalopó van ser comarques on el moviment de reivindicació vitícola i social, tingué una forta presencia. Encara avui, tres generacions després, estan marcades a la memòria, el colp visual d'una llarguíssima cua de carros, plens de raïm, esperant la descarregada als cellers comercials, dels "maquileros" o dels terratinents, i la seua explotació miserable pel fet de que a mesura que anava passant el dia, baixava el preu, que els capatassos posaven a una pissarra, mentre pujava la desesperació dels viticultors, que s'adonaven que el seu treball de tot un any, no era recompensat. I això, si els amos d'aquest celler volien, perquè, en un determinat moment, tancaven el celler i no deixaven entrar un kilogram més. Les cooperatives van néixer perquè, tota la producció de la vinya es veremés, tota la verema es vinifiqués i que un quilo de raïm pesés un quilo. L'ascens dels moviments socials d'esquerres republicans i revolucionaris va ser tan gran, que les forces socials progressistes de l'Església, recolzaren al viticultors lluitant contra la usura en què queien els viticultors desesperats, creant caixes de socorro, d'estalvis, de crèdit social, i cooperatives, tot i que d'aquestes, les primeres van ser laiques onomàstica i ideològicament (la de Toris, que s'anomenà "La Baronia" i la de Xest, "La Cheste Vinícola"), mes tard algunes es batejaren, amb justícia, amb el nom del patró o patrona local reconeixent així la lluita social de la part progressista i compromesa de l'Església.

Capítol VI
Vinificacions tradició oral i mitologia popular

La enologia es la tècnica de la transformació del most del raïm en vi. Des de l'antiguitat, ha passat per diverses etapes: els vins grecs, els processos llatinomediavals el mètode *new french claret* l'enologia empírica d'Arnau de Vilanova, la industrialització de l'aiguardent i l'enologia analítica de Gay Lussac i Pasteur, tant la química (que s'inicia amb la lluita contra la fil·loxera), com la física de la dècada de 1970, i la clínica, que és la emprada actualment. No obstant aixo, des dels inicis, des que els grecs metoditzaren els coneixements dels sumeris (que havien heretat el procés cognitiu dels habitants caucàsics de la Mar Negra) ha estat basada en dos processos, l'un dinàmic i l'altre mecànic. El procés dinàmic de transformació es fa, sols, una vegada es talla el peduncle que l'uneix al cep, començant així la fermentació alcohòlica i després la malolàctica. És a dir, els llevats i els bacteris del raïm inicien una transformació, les fermentacions, que convertiran el suc del raïm en vi. Per tant, el procés succeirà tan si es vol com si no es vol. Els llevats fermentaran el sucre del most convertint-lo en alcohol i els bacteris transformaran els àcids del raïm, en altres més tous, creant-ne de nous. L'enologia moderna, el que ha fet és, primer, entendre definitivament el procés (eixa es l'aportació de Gay Lussac i Pasteur, creadors de la microbiologia enològica) i després crear la tecnologia i els mètodes per conduir-la de la forma més natural i respectuosa amb les matèries orgàniques del raïm i les generades per aquest procés dinàmic.

El procés mecànic, és el que fa la mà humana des que es xafaren, al forat de pedra d'una cova fa 5.000 anys, els primeres grans per obtindre el most. A les primeries de segle XX, s'agafaven els grans se'ls llevava el raspall, si es eixa la voluntat del bodeguer, i es premsen (es xafaven) i se maduraven, segons siga el cas de vins blancs o vins negres, per tant era un procés mecànic aprofitant la cinètica del procés dinàmic. Però, en essència, l'actual procés dinàmic seria ben comprensible per a un iber de l'alt de Benimaquia, un grec de *Hemeroskopion*, un romà de *Lucentvm*, o un cartoixà de *Portacoeli*.

Al voltant del 1900, l'enologia emprada a les comarques vitivinícoles del País Valencia era tan empírica com la d'Arnau de Vilanova al 9 de setembre del 1299, (1) quan va enunciar les tècniques de la mistel·lització del vi, que Jaume II va pronunciar al seu conegut edicte de Perpinyà. Aquestes tècniques de vinificació, es basaven en el procés mecànic de verema, transport, descàrrega al trull i xafada del raïm. El control era deixar que el procés finalitzés del tot, -dinàmic- procurant sempre que les condicions naturals de neteja i temperatura foren ambientalment correctes, és a dir, que no perjudicaren el procés dinàmic: les brutícies i ambients que contaminaren el most, la calor que provoqués una fermentació ràpida i tumultuosa, i humitat excessiva que degradés els elements produïts per la fermentació (alcohol, acidesa, glicerina, els mes estimats).

Es disposava del gleucòmetre (del grec *gleucos*: most i *metorn*: mesura) un pesa licor, inventat pel ciutadà francès Cadet de Vaux, antecessor del densímetre. Estava graduat de 0 a 20, zero (0) era l'aigua pura, aigua destil·lada, el 20 a la màxima concentració de sucre del most. Com deien el manuals de l'època, *"cuando más densidad tiene el mosto, mas materias tiene para la fermentación vinosa"*

En conjunt, els viticultors i elaboradors de vins tradicionals sabien el que calia conèixer per a una bona elaboració.

---
(1) Arnau de Vilanova *"De aqua vitae simplici et compositae"*.

No coneixien com passava, però sí per què i per a què. Tècnicament estaven endarrerits des de l'actual punt de vista, doncs no tenien tecnologia, però eren d'una elevada cultura vinícola. Entre ells i per mitja dels sabien llegir circulava un manual publicat al 1839 del químic català, Josep Roura *"Memoria sobre los vinos y su destilación y los aceites"* que a més de ser obligada lectura per als que treballaven als grans cellers comercials i per als tractants, era utilitzat pels líders dels viticultors (els membres de les dos societats esmentades anteriorment – de Bunyol i de Sagunt -) en les seus xerrades pedagògiques.

Les primeres i més respectades tècniques eren les de la ubicació dels trulls i cups, en les quals es buscava la part mes fresca de la casa, airejada, però, no excessivament, i l'estabilitat d'humitat i temperatura en l'ambient d'un celler. No devia ser ni extremadament sec, ni humit, doncs no sabien per què, ni com, però, sí que la humitat creava uns fongs que donaven mal gust al vi. Naturalment, la calor era una gran enemiga de la fermentació, doncs en un ambient xafogós, aquesta seria irregular i tumultuosa i podia aturar-se, deixant una bona part del sucre sense fermentar en el moment adient, amb el perill que fermentés de sobte quan no calia; i un vi refermentat no valia per a res i calia llançar-lo. Un vi sense completar la fermentació tenia poc alcohol i per tant el seu preu era menor. La gran tècnica era la cura i neteja del celler, trulls, cups, tines i bótes, que es mantenien en bona situació de neteja, ja que, llavors, com ara, "la neteja", es una de les principals assignatures dels estudis d'enologia. Uns dies abans de la verema es rentaven i preparaven els elements del celler, sifons, *lebrillos* i poals, i es rentaven els trulls, les piletes i els cups. Després es cremaven unes metxes de sofre, cobrint-se les tines cups i trulls amb taulons de fusta cobertes amb teles i lones, i es tancava el celler.

El sofre era omnipresent, era la seguretat per a evitar que el vi es piqués, un estabilitzador de primera. I així era contingut en els reglaments i contractes de compravenda. Cremar sofre en un depòsit era un tècnica antiga, el sofre al cremar-se i convertir-se en SO_2 consumeix l'oxigen, sense oxigen els vins es conserven millor i no evolucionen per l'acció de l'aire. El contingut se sofre en el vi estava mesurat fins i tot als reglaments de transport. Així la *"merchant shipping act"* de 1894, del *Board of Trade* del Govern britànic recollia en els *"Continuous certificate of discharge"* dels enviaments la quantitat màxima de sulfurós que podia dur una pipa, bóta o tonell.

Cal recordar, també, que les cases no tenien aigua corrent, calia anar a les fonts, les sèquies o el "*lavadero*" públic, on hi havia aigua, per agafar-la i dur-la amb cànters i poals al celler. Una tècnica de cura i higiene que es va estendre als últims lustres del segle XIX, va ser la recomanació d'utilitzar poals metàl·lics recoberts de ceràmica. *La Vinícola Saguntina*, periòdic quinzenal de la influent societat del mateix nom el recomanava com a practica segura en les feines del celler, i també la *Sociedad de Labradores de Bunyol*. Es sabia que el vi podia oxidar el ferro, i prendre substancies negatives d'ell, en canvi, recobert de ceràmica era una garantia, doncs aquest enlluït era inert i higiènicament pur, a més de fàcil neteja. El manuals de l'època anaven plens d'aquesta recomanació i fins i tot incloïen entre les seus escasses il·lustracions un dibuix del poal tipus.

A les grans hisendes, aquesta feina era, com tants altres processos, més accessible, doncs els pous i les canalitzacions de regadiu per als conreus d'aquest tipus (fruiters i cereals de regadiu) els tenien a al vora. Tot i això, i per donar una nota informativa, a la vila de Xest, l'aigua corrent no va arribar a les cases fins a finals de la dècada de 1950.

Als cellers de les grans propietats vinícoles, una vegada entrats els raïms propis, es rebia el raïm comprat. Un celler com aquest (i tenim l´enorme fortuna que n'ha quedat un intacte, ja fora d'ús clar està) es el de Casa Bas o Casa Benassal, de Moixent. Dos grans trulls de diferent capacitat (l'un de 8.000 kilograms i l'altre de 15.000), amb les seues finestres de descarrega amb porta de dos fulles que s'obrien a l'altura del carro, rebien el raïm, que queia sobre un entaulonat pel que s'escorria el most, quan queia el raïm sobre els taulons que a continuació es premsaria. Cal dir que, solament la premsada del propi raïm, uns milers de quilos a la descàrrega del quart o cinquè carro, ja premsava el suficient perquè el most sortirà a traves dels taulons. Quan el trull estava ple, una premsa de biga, a la que se li ajudava amb contrapesos, feia la pressió per a continuar, esclafant el raïm. Si calia, els jornalers del celler s'enganxaven a la punta de la premsa per fer un pes addicional d'un parell de centenars de kilograms més. Tot per extraure el màxim possible de líquid, que s' escorria per un orifici de sortida, en el que hi havia un sifó, perquè no retornés el líquid al trull. En aquestes tines es feia la fermentació. En realitat, eren com les antigues tines romanes, la *doliae defossae*, unes tines de fang embotides a la terra o en una solida obra, feta amb tal propòsit. Aquest premsat es feia, tant per els vins blancs com per als negres, doncs el rebregat era conegut, però no s'utilitzava més que per alguns vins, els qualificats com *"tintos finos"*. Després del premsat, en el cas dels raïms negres, la pellofa que havia quedat sobre els taulons s'afegia a les tines que tenien most negre, repartint-les equitativament, però, afegint-ne més, en aquelles tines que havien rebut els primers líquids del most. Aquestes eren les provinents dels premsats pel seu propi pes, o de llàgrima, com ja se l'anomenava llavors. Un cop el most amb la pellofa i iniciada la fermentació, les tines es tapaven parcialment o amb tela de jute. El remuntat del barret generat per la fermentació, es feia amb bastons amb punta de ferro incrustats en un llarg mànec de fusta, els punxons, de les que avui en dia encara es poden veure en museus d'enologia i etnologia. El poals eren necessaris i utilitzats per a regar el barret de pellofa que cobria el most, i per això les recomanacions d'aquesta innovació de poals revestits de ceràmica. El vi es traïa d'una aixeta o forat tapat amb una falca de fusta de la base de la pileta o cup, i es donava al companya que hi havia sobre el cup perquè banyés el barret de pasta. Les fermentacions, l'alcohòlica i la malolàctica - la conversió dels àcids del raïm (el màlic) en àcids mes suaus (el làctic) - s'esgotaven fins al final. És a dir, si eren raïms de maduració primerenca (verema 15 de setembre, per un cas) i una fermentació alcohòlica pot durar 15 dies i la malolàctica uns deus dies més – en aquelles condicions -, el most es deixava fins a Tots Sants.

Una part importantíssima de la vinificació eren les brises, tant als cellers casolans de les viles, com als dels *"maquileros"*, els cellers comercials o en els dels terratinents. Les brises eren buscades pels comissionistes de les indústries de l'aiguardent, doncs és amb aquest subproducte amb el que es fa l'alcohol destil·lat, i, per tant, la brisa del raïm blanc, com la pellofa del vi negre, es tornaven a premsar una vegada acabada la vinificació, abans de vendre-ho a les alcofolleres, d'ells s'obtenien uns vins de més concentració i de menys qualitat (llavors, doncs ara es poden obtindre un equilibrats i bons vins de premsa). Traure les brises de les tines i trulls era una feinada, era perillós pel tuf, la manca d'oxigen que matava gent tots els anys. Es treia amb un llegó dentat, lligo o aixada ganxo, doncs als ganxos s'enganxaven els raspalls, penjolls esclafats i la brisa, i es dipositaven en uns cabassos de pell ben adobada, i també en uns cabassos de cautxú que es posaren de moda com un gran avenç, doncs retenien el gruix de la brisa. Aquestes brises doblement premsades i quasi seques, s'emmagatzemaven al pati, a l'ombra, s'espolsava sobre el munto una mica de sofre, perquè la calor no els refermentés i, cobertes per una lona, esperaven que els carreters, amb uns carros de fons pla, molt baixos, vinguessin per dur-los a l'alcofollera que havia comprat la brisa. El fons plans d'aquests carros tenien dues portes que s'obrien en arribar a l'alcofollera, on unes tremuges allargades rectangulars de pla inclinat rebien la brisa, que anava desplaçant-se cap als dipòsits de recepció de la destil·ladora.

A la finalització de les fermentacions i maceracions, on els vins negres agafaven el color i la densitat del seu tipus, s'iniciaven els trascolaments i trasbalsaments amb l'objectiu d'aclarir i netejar els vins dels residus orgànics de la transformació. Hi havia la forma, més primitiva i dura, de anar traient el vi amb poal, raó per la qual calia deixar el vi després del trascolament en uns dipòsits rectangulars, similars als antics *lacvs* romans de les *cellae vinariae*, en els quals hi havia els graons d'una escala per anar baixant al trull obert com el nivell del vi anava baixant. El trasbalsament es feia sempre per gravetat, doncs les canaletes connectaven les tines i dipòsits d'uns nivells amb els situats una mica més baix.

Als cellers casolans de les viles les operacions eren similars, però, a una mida molt mes modesta. La primera diferencia, era que en la majoria dels cellers de les cases situades a les viles no hi havia premsa, i per tant calia fer la *pisà*. El carro entrava al pati de la casa on hi havia la porta de la bodegueta, ple de raïm, si no " *enculava*" el carro per a la descàrrega perquè la situació dels trulls no permetien la descarrega es feia per damunt dels barandals del carro per mitja de cabassos. Tant en els trulls del cellers comercials, com els de "*maquileros*" o de les grans propietats vitícoles, es procurava enlluir els trulls i piletes amb obra de pedra de "cantaria" (pedra picada) o taulellets de Manises col·locats amb guix. De la biga mestra, situada sobre els trulls del celler casolà, sortien unes cordes, com sogues, els "fascars" (doncs estaven fetes d'eixe fil d'espart) on s'agafaven els viticultors i la seua família que xafaven el raïm, fent "la pisá" sobre tot, la gen mes gran - en el sentit literal de gran -. També es xafava el raïm per parelles, "els trullers" els anomenaven, que s'agafaven dels muscles encarats, o en tàndem. Tots xafaven el raïm que havia caigut sobre els taulons del trull, en aquest cas, un pica rectangular ben gran, el most caigut als cups anava a les tines a traves de les canaletes, fixes en els menors dels casos, de vegades desmuntables, fetes de fusta i amb forma d'un triangle emmetxat invertit. Si hi havia premsa, aquesta era menuda, d'uns 400-500 kilograms, estava feta de fusta, amb un ús de gir, amb una mànega de ferro, de la que giraven un parell d'homes, fent la pressió. Sobre el raïm es posava, per a encercar-lo, una llanta d'espart a la que li deien "la llata" i que es feien generalment en Riba-roja del Túria. La premsa tenia, sobre la fusta del fons, una pedra circular impermeable feta també de pedra calcaria.

Per al menut viticultor, generalment especialitat o en vins blancs i moscatells, o be en negres (conrear dos tipus de raïm els feia logísticament impossible), acabats els trascolaments es filtraven rústicament per mitjà d'uns tamisos i teles col·locades en embussos de gran amplària i boca estreta. A les portes de l'arribada de la fil·loxera, la mecanització no existia, els processos funcionaven a base de força física (la xarxa elèctrica no havia estat creada, ni instal·lada), no hi havia màquines als cellers casolans i les bombes manuals dels grans cellers eren escasses, on n'hi havia, necessitava una parella de gent cepada, es menejava l'èmbol gracies a l'acció de dos rodes, paral·leles, una a cada costat de la bomba, i des pas sincronitzat, de gir molt ample, que descrivia una circumferència més àmplia que les dimensions de la bomba per a menejar el pistó de l'èmbol i fer la succió . Quan arribava febrer es considerava que el vi ja estava fet (hi havia malgrat això, sorpreses per un avenç de la calor de la primavera) i així es deia arreu el país, "Per Sant Marti, mata el porc i enceta el vi."

De la producció casolana, una part anava a la venda, doncs els comissionistes i corredors de les empreses comercialitzadores, visitaven les cases de les viles per comprar-la. Era un dels pocs ingressos que obtenien de la seva agricultura d'autoconsum i bescanvi, a més de les brises. El comissionista, que duia un primitiu destil·lador i un densímetre, tastava i valorava el vi, assenyalant sempre defectes – reals o falsos – per menysprear el vi i pagar menys. L'alcoholímetre de destil·lació, ja era conegut a principis del segle XIX, Simón de Roxas Clemente, el cita com una eina imprescindible en el seu treball, *"Ensayo sobre las vides que vegetan en Andalucia (1807)"*

Tot estava regulat doncs els importadors, especialment ela alemanys i francesos duien un estricte control qualitatiu de les característiques del vi. El organismes certificadors de les analítiques oficials franceses (els principals importadors) pertanyien al *"Ministère de commerce, de l'industrie, des postes et des télégraphes"*. Era el *"laboratoire d'essais, mecaniques physiques, chimiques et de machines"*, l'encarregat d'estendre el document, que a més del grau alcohòlic i la quantitat d'àcids, estava obligat a citar els noms i les capacitats dels instruments de l'analítica. Cal dir que aquestes exigències es varen transmetre a tota la xarxa del negoci. I naturalment fins als vins produïts per el celler casolà del menut viticultor. Tant la *"Sociedad de labradores de Buñol"* com la societat *"La Vitivinicola Saguntina"* avisaven contínuament que disposaven de *"gabinete quimico"* per a l'anàlisis dels productes i l'expedició dels certificats que servien de *"garantia y legitimidad"*. A més de l'anàlisi, el sistemes de mesures era cabdal, els viticultors menuts treballaven en les mesures forals tradicionals, i el comerç en decalitres. La mida tradicional, es feia amb cànter valencià (11,55 litres).

El viticultor no el venia tot, havia separat unes partides del vi, una per al tonellet, que tenia la solera mare mes antiga, un altra per als cuirs, on es guardava el vi de consum domèstic (uns 300 litres per home/any), i un altra, per guaitar-la en uns cons de fusta (d'uns 500 litres) amb una aixeta, d'on els treia, per a regalar-lo als amics i família que havien col·laborat –no conjugat- i no eren viticultors (vivien a la ciutat o tenien altres oficis), i per al bescanvi.

Els anys que els comissionistes no valoraven el vi o pagaven un preu d'estafa, a causa de l'especulació de les cases del Grau de Valencia, dedicades a l'exportació, i dels seus magatzemistes que ells tenien als pobles, el viticultor menut recorria a la venda al detall per als consumidors particulars, veïns que no tenien vinyes, forasters, o visitants del poble, de les mixetes (una mida inferior al cànter valencià (5 litres aproximadament). Una venda al detall que s'anunciava col·locant a la porta de les cases un manoll de rames de garrofera o d'olivera, i que es retirava quan aquest humil viticultor ja no tenia més vi per a la venda. Així fins i tot l'etenien als pobles que parlen castella es deia "Si el celler s'omple, la casa sona, Celelr que ressona, el vi se n'adona"

Unes eines precises per a la visita del comissionista eren el cresol i la *"venencia"* (paraula que té una etimologia al verb *avenenciarse*) de canya. El cresol era per a veure la netedat i el color de la mostra del vi. La *venencia* servia per traure el vi dels cups i dels tonells, estava feta de canya tenia uns 70-80 cm, i en els trossos entre nusos, en uns dels canuts mes llargs, es feia un orifici rectangular que servia quan la *venencia* s'introduïa al cup, per treure-la mostra.

Tota la cultura vinícola per a l'elaboració era transmesa oralment de pares a fills, refranys i sentencies eren utilitzades pedagògicament,

"El vinater avisat,
vol més d'una qualitat,
prou en tindrem en quatre o cinc,
però, per convenient no ho tinc".

I amb unes tècniques que venien d'Arnau de Vilanova, els més grans deien que el mestre Vilanova havia dit això o l'altra cosa, parlant d'ell com una figura mítica llunyana, perduda en el temps, com si fos un deu estrany i de filosofia inassequible.

> "En país que siga fred
> el cep posa més juntet,
> però si el clima és ardent,
> plantant ample se té aument".

Aquests procediments tradicionals, i la seua enologia empírica emprada, tenien un fort component mitològic en el procediment i el calendari de treballs, dels diferents cicles de treball vitícola i a la vinificació. El mites eren una barreja de calendari pagà i cristià. Sant Dionís (9 d'octubre), era una data de referència clarament vitícola a més de mítica, la data clau de l'inici de la verema de les varietats de segon cicle. I Sant LLuc (el 18 d'octubre), quan ja aquestes devien estar ja totes al celler. Els refranys i les coples parlaven d'aquestes figures de les calendes de importància tant mítica com pràctica per a la cultura popular. Com es normal en un país com el valencià amb quasi de 400 kilòmetres de llargària de nord a sud, les diferencies climàtiques es feien de notar, a l'hora de posar dat a al verema. Així a Llíria deien

Entre Sant miquel i Sant Francesc
pren la verema tal com es.

Els vins es transportaven dels cellers de les grans hisendes a les estacions ferroviàries dels pobles mitjançant carros, alguns d'ells dobles (botes de més de 500 litres) tirat per dos perxerons. Les estacions de ferrocarril eren l'eix fonamental del transport del vi, eixa es la raó perquè a les estacions s'instal·laven els cellers comercials i els dels "maquileros", que encara avui en dia es poden veure. Al 1891 es va connectar Utiel amb el Grau de València per mitja del ferrocarril, que havia iniciat la construcció

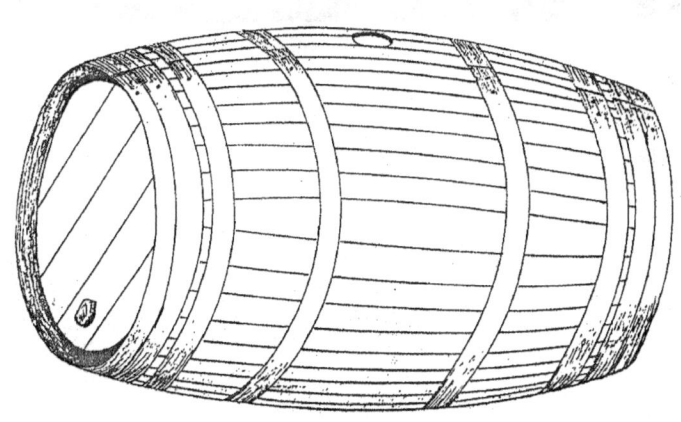

Pipa

al 1885, per la fracassada *"Compañia del Este"*, que va ser continuada per la *"Compañia de ferrocarriles y caminos de hierro del Norte de España"*, a traves de la línea de nom *"Ferrocarriles de Utiel al Grao de Valencia"*, i així les grans zones vinícoles valencianes estaven ja connectades amb els ports. El Vinalopó amb el d'Alacant, per mitja de la companyia *Madrid-Zaragoza-Alicante*. La Vall d'Albaida i la Costera amb el de Valencia, i Utiel, Requena, Ventamina, Bunyol, Xiva i Xest també el de Valencia. La connexió ferroviària de Valencia amb Tarragona passava per totes les zones mítiques productores de vi al País Valencià, Sagunt, Benicarló, Vinaròs.

Distàncies en km.	Termini en dies
De 1 a 150 km	1
De 151 a 275	2
De 276 a 325	3
De 326 a 425	4
De 426 a 525	5
De 526 a 625	6
De 626 a 725	7
De 726 a 825	8
De 826 a 925	9
De 926 a 1.025	10
De 1.026 a 1.125	11
De 1.126 a 1.225	12
De 1.226 a 1325	13
De 1.226 a 1325	14

Del Llibre, de 1902, "El Consultor Ferroviario"

L'organització ferroviària era completa, tal com hem dit al primer capítol, les tarifes i els paràmetres de transport de les mercaderies, estaven registrades, consignades i publicades. Al 1902 es editar a Madrid "*el Consultor ferroviario*" de Jesús Giménez un complet manual de l'ús del transport ferroviari. L'autor – interventor de l'Estat en ferrocarrils - subtitulava encertadament el seu manual amb aquest text "*obra de gran utilidad para el comercio, y en general para todas aquellas personas que hayan de utilizar los medios de transporte por los ferrocarriles de España, basada en la legislación vigente del Ramo*" La legislació vigent es basava tant en el Codi Civil com en el de comerç. Especialment en el decret (Reial Ordre es deia llavors), R.O. de 10 de *gener de* 1863), que donava un marc, des del temps de duració del transport fins a les minves, a mes de naturalment de la documentació de control, assegurances del seu nòlit, i el cost de transport. Fins i tot classificava la quantia de la perduda del vi, si era estiu o hivern i si la distancia del transport era major o menor de 200 km. Per al vi i el vinagre transportat en barriques les companyies es feien responsables de garantir un 2% de minva per cada km en una distancia fins a 200 km mentre que per a distàncies de més de 200 km es garantia un màxim d'1% per cada km recorregut. En qualsevol recorregut de llarga distancia es garantia un màxim de 5% en estiu i un 4% en hivern. (*El Consultor Ferroviario, Jesús Jiménez. Madrid*

1902). La llei a què fa referència, l'autor d'aquest manual logístic és de 1863, l'any de l'aparició de la fil·loxera a Le Valcluse -La Provença- i quan les línies en Espanya no estaven tan esteses com quan l'edició de *El Consultor Ferroviario* (1902), i demostra ben clarament la relació entre el ferrocarril i el negoci del vi produït per la fil·loxera i la seua subsegüent expansió vitícola .

El transport dels cellers casolans de les viles als molls de càrrega de les platges ferroviàries de cada estació es feia amb bótes que és transportaven en carro, tot i que també podia fer-se amb cuirs, del que es treia el vi per a plenar els grans *foudres* (2) i tonells que estaven a la estació per carregar-se al vagons plataformes, o directament a uns carros especials que duien una pipa d'uns 500 litres, subjectada amb cadenes i un cabestrant que les feia pujar o baixar, i que a Utiel - Requena anomenaven "*zambobas*". Els trens se les endurien cap els ports, on es carregarien als vaixells amb destinació als ports mediterranis de Sette (França), Genova (Itàlia), o atlàntics, Bordeaux (França), Bruges i Amvers (Bèlgica), Londres (Regne Unit) o La Havana, Cuba.

---

(2) *El foudre és una bota o barrica gran de 500 a 700 litres de capacitat, tot i que també s'han fet servir foudres de transport de més capacitat. N'hi havia uns, per a ser transportats en les plataformes dels vagons de ferrocarril, d'entre 1.800 i 2.000 litres.*

Mapa de la invasió fil·loxerica al País Valencià

Divisió comarcal

Alacantí- 1905
Alcoià- 1907 . 1909
Alcalatén- 1904
Alt Maestrat- 1904
Alt Millars- 1904
Alt Palància- 1915
Alt Vinalopó- 1909
Baix Maestrat- 1904
Baix Segura- 1900
Baix Vinalopó- 1902
Camp de Morvedre- 1912
Camp de Túria- 1912
Canal de Navarrés- 1915
Comtat- 1908
Costera- 1906
Foia de Bunyol- 1906
Horta Nord- 1907
Horta Oest- 1907
Horta Sud- 1907
Marina Alta- 1904
Marina Baixa- 1904
Ports- 1904
Plana Alta- 1904
Plana Baixa- 1907
Plana d'Utiel- 1912 . 1917
Racó d'Ademús- 1916
Ribera Alta- 1907
Ribera Baixa
Serrans- 1913
Safor- 1906
València- 1907
Vall d'Albaida- 1906
Vall de Cofrents- 1914
Vinalopó Mitjà- 1906

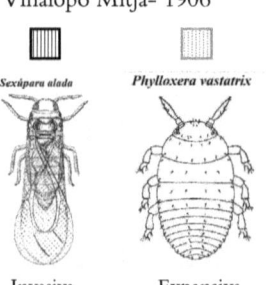

Invasiva — Expansiva per implantació

Capítol VII
L'arribada de la Fil·loxera

Quan les primeres vinyes valencianes quedaren fil·loxerades al 1904, a la Marina (Pedreguer, Gata de Gorgos, Benissa) resultat d'una importació fraudulenta, il·legal i malintencionada, la *Phylloxera vastratix* duia la seva apocalíptica cavalcadura per Europa, ja mes de 41 anys, des que es va descobrir a la Provença com hem contat adés, i més de 25 anys que el professor Jules Planchon, havia visitat Americà del Nord per trobar les raons del la resistència dels ceps americans a la fil·loxera, *in situ*, amb l'ajuda del científic Riley, i va recomanar l'empelt de vares europees en peus americans plantats als vinyets europeus. També es coneixien els treballs d'Alexis Millardet i Georges Coudert en la solució del problema, amb la utilització i ús dels portaempelts americans, o vares americanes plantades al bancal, on empeltar les vares de les varietats europees que no eren resistents als cucs de la fil·loxera, doncs la forma en què aquest cuc matava la *vitis*

Mapa 2

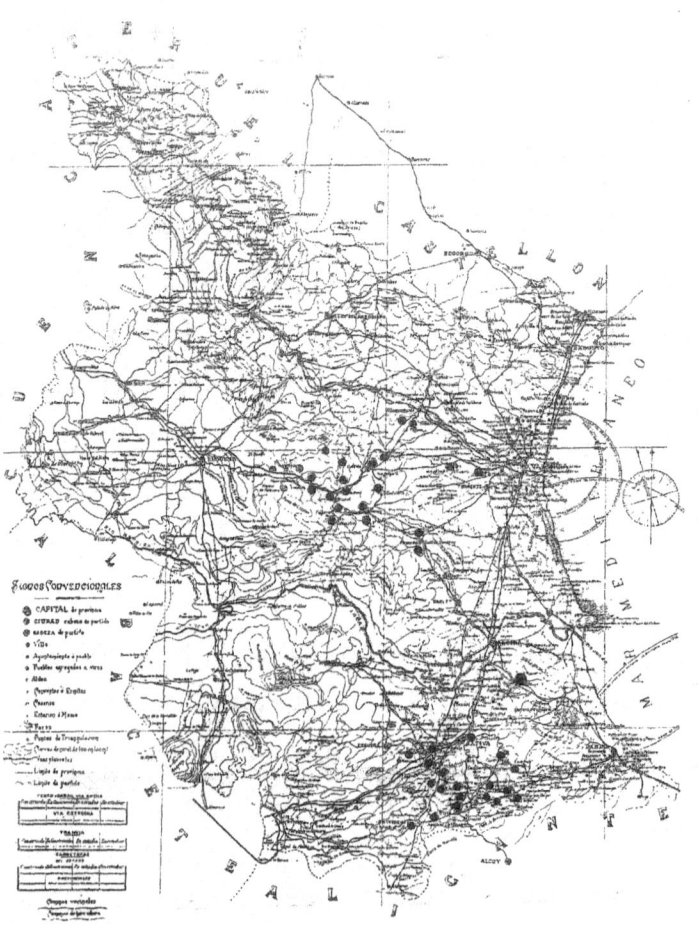

Mapa demostrativo del estado de la invasión filoxérica en la provincia de Valencia en Diciembre de 1907

Los círculos negros corresponden aproximadamente á zonas filoxeradas

europea era menjar-se els arrels. En tots aquells anys, no es va fer res per a planificar una resposta de combat a la plaga, ni de salvació del vinyet valencià, malgrat que en l'última fase de la lluita a França, ja es varen salvar uns vinyets, amb un pla de substitució gradual de vinyes de ceps directes per altres de nou empeltades. I malgrat que el gran lluitador contra aquesta plaga al País Valencià, l'enginyer Rafael Janini duia anys avisant de l'imminent perill i de la catàstrofe següent. "*Si la filoxera destruye los viñedos de vinífera (los del país), teniendo en cuenta que las leguminosas herbáceas se agostan ya en primavera por falta de humedad, y que suelen helarse o al menos padecer del frío en invierno, no veo más que cinco caminos, el cultivo del cereal, el cultivo del olivo, el cultivo del algarrobo, el cultivo del almendro, el del cultivo de la vid*". Per tant, la gran transformació apocalíptica, que sofriria el camp valencià estava anunciada i propera. Abans de 1904 ja havien estat detectats uns ceps fil·loxerats a les vinyes de la Vega Baixa molt probablement com diu J. Piqueras (*La vid y el vino en el País Valenciano*), provenint de les vinyes de la regió veïna de Múrcia. Però, l'esclafit vitícola de la Marina, una comarca sencera contaminada en mesos, indica que algú va portar vares americanes amb el cuc, per un port de La Marina. Al 1907, els vinyets del País Valencià estaven ja generalment contaminats i en un avançat procés de destrucció. La millor crònica, prové del mateix Janini, que va dirigir la lluita contra la plaga, com a cap del Servei Vitícola de la Excma. Diputació Provincial de Valencia: *"Con la subida de la savia en los viñedos comenzaron mis pesquisas para averiguar los puntos filoxerados de la provincia. Para el logro de esto, no dieron resultados las exicitaciones a los alcaldes de los pueblos (★) me fue necesario recurrir a viticultores amigos y conocidos, que han respondido todos cumplidamente mis demandas de noticias. De esta manera he descubierto la plaga filoxérica en los términos de Siete Aguas, en Bélgida, Alcudia de Crespins, Játiva, Onteniente, la Puebla de Rugat, Villamarchante, Adzaneta de Albaida, Agullent, Monserrat, Montesa, Aguas Vivas en el termino de Carcagente y Alzira, Luchente y Otos. La situacion de la filoxera en la provincia* (vegeu mapa adjunt, reproduccio de l'original treball de Rafael Janini "Relacipon de los trabajos hechos…1907) *puede describirse así: dos grandes manchas, una en Chiva, cuyas avanzadas se acercan por el Norte al termino de Liria, por Sur al de Catadau, por este a Llano de Cuarte, con focos que entran ya en los términos de Ribarroja y Alaquás, y por Oeste a la mojonera de Requena. Al sur de Chiva y entre esta poblacion y Buñol se halla el grueso de la plaga, que invade también con mucha intensidad los viñedos de Cheste, y más o menos la mayor parte de la partida de estos pueblos.*

La segunda mancha ocupa y rebasa casi todo el valle de Albaida , desde cerca de los Alhorines de Onteniente hasta Llosa de Ranes, faldeando los montes hasta Otos y Luchente. No ocupa la filoxera grandes extensiones, esta como en descubiertas; focos por todas partes, foco que se ensancha por momentos y que siembra alarma de continuo.

Dadas las intensas comunicaciones que tienen entre si las distintas regiones vitícolas de la provincia de Valencia, no es aventurado suponer que muy pronto han de verse invadidas todas por el insecto, y que los estragos que causara la plaga, han de ser importantísimos.

Por eso me afano de extender por toda la provincia los modernos conocimientos de viticultura americana (1), ya que la legislación filoxérica y la incuria de los hombres, han impedido no obstante mis repetidos requerimientos en 1890, que la plaga nos hallara preparados.

(★) El alcalde de un pueblo, que me abstengo de nombrar después de comprobada la filoxera en viñedos de su término ha continuado negandola existencia de la plaga (R. Janini, "Relacion de los trabajos hechos desde agosto de 1906 a diciembre de 1907) Servicio

---

(1) Al 9 de setembre de 1909 va organitzar a València el congrés internacional de la vinya més important d'aquell temps, "El Congreso de la Viña Americana". València va ser gràcies a Janini i a la seua influència en el govern provincial "caput mundi" vitícola. Avui esta oblidat, però, aquest congrés, va ser d'una importància capital en la reconstrucció de la viniviticultura europea

Vitícola de la Diputación Provincial de Valencia. Imprenta F. Vives, Valencia, 1908.

Janini no solament va ser, (amb un altre enginyer agrònom i ciutadà valencià, Pascual Carrión y Carrión, (2) els millors enginyers agrònoms europeus del segle XX), sinó també un il·lustrat. La crònica de Janini és la descriptiva d'un naturalista, un Cavanilles, un Castellò, un Valcárcer, un Darwin. Així mateix la descripció de Janini de l'arribada és de gran valor històric, botànic i geogràfic, però, la seva descripció de les mesures de lluita és d'un alt valor científic.

Com hem dit, Janini duia temps avisant de la catàstrofe, i es queixava de *"la incuria"* dels homes i de la manca del sentit de govern de l'Estat espanyol a Madrid (la legislació fil·loxèrica esmentada per Janini al seu mencionat treball), dels alcaldes

---

(2) Pascual Carrión y Carrión (Sax, el Vinalopó, 1891-València, 1976), enginyer agrònom i enòleg. Estudià a la "Institución Libre de Enseñanza". Va ser director tècnic de la reforma agrària de la II República Espanyola. Entre 1924 i 1931 va ser president de la Unión Vitícola de Levante. Autor de treballs capitals a la agronomia espanyola ("Los Latifundios en España", "La mejora de los vinos de Levante"). En 1932 va ser nomenat director de la revista Acción Vitícola. Dirigí al finalitzar la carrera el "Servicio de Extensión Agrària de Dos Hermanas - Sevilla", on va prendre consciència de l'endarreriment i les injustícies socials del camp andalús. Signa el *Manifest Andalucista* de Cordoba, i milita al *Partido Andalucista*. Va ser home de confiança i amic del líder andalusista, Blas Infante, anant en segona posició en la

que mentien en la seua informació a la Governació provincial i dels viveristes desaprensius causant amb dol intencional, de les massives invasions comarcals.

En cinc anys, la fil·loxera va destruir pràcticament tots el vinyets de les comarques centrals. A les parts més altes dels Serrans, i a Ademús, i a les comarques més properes a l'altiplà castellà, va tardar encara en arribar entre 3 i 5 anys però, quasi 120.000 hectàrees, més o menys el vinyet creat per l'expansió vitícola a causa de la gran demanda internacional de vins, es va perdre definitivament. Quan la reconstrucció es va iniciar al 1916 no hi havia en producció poc mes de 20.000 hectàrees, aquelles que eren a zones muntanyoses o de subsol sorrenc, on el cuc no podia desplaçar-se. La destrucció va ser quasi completa és a dir, que en 10 anys la fil·loxera va destruir la quasi totalitat de les 254.000 hectàrees que hi havia al 1900, quan unes vinyes en Dolores (La Vega Baixa) varen ser afectades. Que l'afectació de les vinyes d'aquesta comarca, fos individual, va ser deguda per l'avenç de la plaga

---

llista electoral d'aquest partit a les eleccions de 1936 – darrere de Blas Infante –. Va ser col·laborador del diari madrileny "El Sol". Al finalitzar la guerra va ser represàliat pel règim franquista degut a la reforma agrària, i més tard desterrat, després de sortir de la presó a Requena, on enceta un moviment de regeneració dels vins valencians tal com havia enunciat al seu llibre "*La mejora de los vinos de Levante*". Dirigí l'Estació de Viticultura i Enologia de Requena i crea en 1962 l´Escola de Viticultura i Enologia de Requena.

territorialment (*como en descubierta...* deia Janini), no per la importació de vares venudes per un viverista desaprensiu, que al vendre a diversos viticultors i al plantar-les escampaven la plaga ràpidament per la comarca com va succeir a la Marina.

La catàstrofe va ser un colp duríssim per a l'economia valenciana, com ben bé es pot entendre de les dades subministrades en els capítols anteriors, de sobte en un pocs anys – els centrals de la catàstrofe van de 1904 a 1909 - les vendes de vi a l'exterior es reduïren dràsticament, així com els ingressos del viticultors i el moviment mercantil del que traïen la seva part; comissionistes, transportistes i indústria auxiliar. Socialment significa un abandonament de la activitat agrària per moltes famílies, que havien posat en activitat totes els seus recursos i propietats o arrendaments en la cistella vitivinícola. L'emigració cap a les ciutats, a França, Argèlia i fins i tot Amèrica, va ser la resposta. Una part del territori del país, el més agrest on es conreaven les vinyes de mes difícil accés i explotació romangueren abandonades, en un paisatge que encara es pot veure quan es viatja pel País Valencià. Pels emfiteutes va ser el pànic, el contracte era a "rabassa morta", si moria el cep moria el contracte, i el cep va morir quan encara no s'havia amortitzat la plantació i el conreu dels primers anys. Clar que era una mort anunciada, i se'n coneixien les causes, però, el pànic va existir, i la decisió de donar per mort el contracte o continuar amb una nova plantació, va dependre de l'arrendador i de la seva categoria humana, els uns aprofitaren per posar condicions més dures i explotadores, d'altres respectaren la continuació del tracte, però, per a tots significava una manca d'ingressos i per alguns la ruïna. Per als viticultors menuts que havien respectat els conreus de la seva economia de subsistència i no els havien substituit per vinyes, va ser tan dur com per a tots - els ceps estaven morts i la gran feinada d'anys perduda - calia tornar a començar de nou- però, almenys podien continuar menjant (creïlles, tomaques, fruites) i alimentant als animals de tir i de corral amb alfals, espigues de cereal i garrofes. Solament podem imaginar-nos l'esperit de lluita, resistència i duresa mental que tingueren aquells valencians per enfrontar-se al cataclisme i tornar a començar de nou, en la que, fins aleshores havia estat la primera activitat agrària, i solament podem imaginar-nos la seva gran capacitat de processament cultural que hagueren de fer, per a enfrontar-se a la reconstrucció i a la regeneració de les vinyes, doncs amb les seus pràctiques tradicionals de conreu, no anaven a ser suficients, contra aquesta plaga apocalíptica que els obligava a dependre coses noves, per enfrontar-se a un problema que mai s'havia vist, una catàstrofe ecològica. Que els vinyets valencians tardaren més de trenta anys en reconstruir el seu espai vitícola es conseqüència del mal governs i de les classes dirigents del país, no dels viticultors, perquè l'endemà d'arrancar els ceps (feina trista i dura, doncs un cep costa molt d'arrancar, com ben bé va descriure l'antropòleg americà Hanson, malgrat que els cucs s'hagen menjat els arrels), ja estaven passant la mangencadora i el "malacate", llaurant i movent la terra, ben profund per traure el mal amagat en ella, sense esperança, doncs les solucions semblaven incertes i confuses, el futur amenaçador, insegur, l'única seguretat era que caldria treballar molt, i molt de temps per a res, o per quasi res.

Capítol VIII
Apocalipsi i innovacions agronòmiques

La destrucció general de les vinyes valencianes va ser un apocalipsi social, agrícola i econòmica. Mai, en 2.000 anys d'història, el camp europeu havia vist un cataclisme semblant (Claude Royer la va classificar com la major catàstrofe que havia sofert l'agricultura francesa en tota la seva història). Que en 35 anys es recuperés una part de la superfície vitícola, no il·lustra més que la dimensió del problema, doncs calgueren 35 anys per a solucionar l'amenaça, i res, va ser el mateix el dia de després. Al País Valencià, va deixar de funcionar el negoci del vi, tal com ho havia fet entre 1875 i 1906. Hom creu que les coses entre 1904 i 1909 continuaren sent el mateix, però no es més que una idea produïda per la ignorància del que va passar realment. Pocs estudis han analitzat l'impacte en les vides dels viticultors, com va afectar la situació econòmica i social general, i en quina situació quedaren els pobles vitícoles del País Valencià (la immensa majoria de les més de 500 entitats locals valencianes) com hem vist al capítol II.

Quan una vinya era afectada per la fil·loxera, moria en pocs mesos. El cuc es menjava les arrels i aquesta planta liliàcia, té en els extrems de les seves branques, tant els subterranis (arrels) com els aeris (sarments) la seua mecànica vital. Un vinyet afectat causava tristor, estupor i pànic. Tothom sabia el que significava aquesta mort, la misèria. Si es detectava en la poda, moria després de la brollació. Els viticultors s'adreçaren a la vinya per arrencar-la, però, una vinya costa molt d'arrencar, fins i tot amb els arrels destrossats. Tot es va fer a pur esforç físic. Es tallaven els ceps amb astrals, i es llaurava amb el *malacate* per intentar moure el peu. Després s'estiraven a mà o amb el mul, al qual s'enganxava el tros de vinya per arrencar-lo (l'arrel principal d'un cep de 25 anys pot tindre entre 4 i 6 metros de llargària). Un bancal de 10 fanegades amb vora 2.000 ceps tardava 3 mesos en ser arrencat i retirat els ceps, 3 mesos amb 3 homes. Ací la conjugada va ser més necessària que mai, doncs la cava manual del terreny per una hectàrea de vinyes estava calculada en 340 jornals, i l'aplanament del terreny en 12 jornals de peó i cavalleria. Quan el bancal estava arrancat, calia cremar els ceps. Ningú volia aquesta fusta, ni per a cremar, sentien un terror, tenia "*la bicha*", i la gent sentia la por cap a un empestat. Les cendres dels ceps cremats es transportaven a uns femers públics, als que construïren uns murs per a contenir-les, "els tancs", uns espais rectangulars (uns tancats), aprofitant forats o depressions en la terra, que s'encercaven amb un mur d'un parell de metres d'alçada.

Deixat erm el bancal, el llauro removia la terra una i altra vegada amb la intenció que, airejant-lo se n'anés el mal i se'n anés la terra. S'aprofundia fins a 60 cm. La primera innovació agronòmica que hagueren d'assumir els viticultors, va ser la de la desinfecció de la terra, no es tractava d'un abonament o de l'eliminació d'uns cargols, es tractava d'eliminar un paràsit desconegut que romania en la terra. Ací apareix el primer progrés tècnic de lluita contra la plaga, per a la cultura ancestral del viticultor de 1904, era incomprensible el problema i no coneixia la solució. Els tècnics de la Diputació, amb Janini al front assumiren la direcció de la lluita començant per un treball homèric, l'anàlisi de les parcel·les sense el qual era impossible dir quina era la sembra química que calia en cada terreny. Janini va fer una classificació general de les terres valencianes, agrupant-les en tres classificacions, però allò important és que va analitzar amb els laboratoris de la granja Institut de Burjassot i el de la fabrica de *"Abonos*

Quimicos Trenor y Cia." 1.800 parcel·les de vinya de 134 pobles de la província de València i 23 parcel·les a la província de Castelló situades en 6 pobles, més 10 parcel·les de 6 pobles d'Alacant. Les parcel·les pertanyien a 1.200 propietaris, hi havia tot tipus de dimensió i d'explotació. La anàlisi principal era el *"calcimetrico"*, doncs era important conèixer el sol i el seu contingut en calç per l'afegiment dels productes químics de què la indústria Trenor, va ser el principal subministrador. El producte químic triat per matar la fil·loxera, fins i tot, quan encara hi havia plantes al bancal (s'intentava salvar el cep) va ser el bisulfit de carboni (CS_2), però, era un producte car i quedava fora de l'abast dels xicotets viticultors i parcers, solament les grans hisendes i alguns arrendadors d'emfiteutes estaven en condicions d'utilitzar-lo, necessitava d'un aparell per a introduir-lo en la terra, "el punxò" que una vegada carregat, se clavava en la terra (era similar a un gran xeringa metàl·lica) per a injectar dins la terra el compost químic. Pressionat amb un èmbol situat a l'interior del cilindre, introduïa el bisulfit de carbono al subsòl. A més, era extremadament tòxic i inflamable. Val dir que l'ús d'adobs químics, ja era conegut des de feia anys quan arriba la fil·loxera.

Al 1887 en plena expansió vitícola per la demanda internacional de vi 100 kilograms d'adob químic per a la vinya costava 23,50 pessetes. La cotització del vi era de 8 a12 reials el decalitre (3 pessetes el decalitre)

A França s'havia intentat de tot per combatre la plaga, a l'Aude (el País Càtar) i aprofitant el riu Orb, amb al seua gran corba, es varen arribar a inundar les vinyes, però, a l'eixut País Valencia estava fora del pensament, a excepció dels vinyets litorals i vora rius, però, molts d'aquests no varen sofrir la fil·loxera donat que el seus sols sorrencs els protegien. Totes estes tècniques eren desconegudes pels viticultors que hagueren d'acceptar els conselles i la participació en les decisió dels conreus dels tècnics. La principal innovació va ser naturalment la plantació dels ceps americans de l'altra branca de l'*euvitis* com hem vist al quadre de l'escala botànica adés assenyalat. Les vares de la *vitis* americana, les especies *riparia, rupestris, labrusca* i *berlandieri* eren resistents a la fil·loxera com ben be s'havia demostrat en la replantació arreu d'Europa. Calia doncs saber sobre quin tipus de peu era convenient plantar per a empeltar les mateixes varietats que havien conreat fins ara. Aquest nous peus creats pels agrònoms i botànics per a ser plantats als bancals i que eren resistent a la fil·loxera, tots aquests tècniques eren un llenguatge i un significat vitícola desconegut per als viticultors, i una innovació molt contundent per a les pràctiques vitícoles tradicionals emprades per ells, des de temps històrics. Janini conta en el seu informe, que era a alhora un manual tècnic de gran valor pedagògic per als viticultors, i un informe científic de gran valor històric.

"Sobre la Chasselas x Berlandieri 41 B, injertar las variedades nuestras en el siguiente orden de afinidad yendo de mayor a menor: merseguera, garnacha dulce, garnacha tintorera, pedro ximenez, verdil, planta, grummer, moscatel y menos bien valensi, palop, malvasía y especialmente el monastrell". Sobre la rupestris de lot, injertar las variedades nuestras en la siguiente orden de afinidad yendo de mayor a menor: forcallada o macabeo, pedro ximenez, garnacha tintorera, garnacha dulce, moscatel bobal (pero las flores de estas cuatro variedades se corren algo) la merseguera y menos bien el monastrell y la planta fina."

El viticultor tenia la capacitat mental i la intel·ligència ben preparada per assolir les noves tècniques, però, ací naturalment necessitaven l'ajuda dels agrònoms, i una legió de tècnics dirigits per Janini des de l'estació de viticultura de Requena assessoraven els viticultors.

La primera qüestió després de haver sanejat el bancal pels llavoraments i tractat amb els compostos químics era guaretar la terra. El bancals es deixaren un any, després dels tractaments i desfonaments, sense conrear. Per al desfonaments s'utilitzaren també uns aladres de desfonament, fets de ferro colat, pesats, que eren un avenç de la mecanització, doncs encara que tirats per animals duien un seient per qui el guiava i un primitiu volant. La xaruga d'aquest aladre era de grans dimensions amb pales als costats i obria ben bé la terra.

La plantació del peu americà requeria aprofundir en 30 cm mes, el clot on es plantaven les vares. Calia fer un clot quadrat perfecte d'una profunditat de 60-70 cm, es posava junt a la vara, a més, un pal o tutor per a preparar el futur empelt. la plantació era naturalment en hivern, i després de la plantació s'empeltava. L'empelt era conegut pels agricultors mediterranis des de l'antiguitat, però, sempre sobre la mateixa espècie de *vitis* vinífera europea, sobre la mateixa varietats, o creuant-la amb altres varietats d'aquest subgènere, ja fos conreades o silvestres, però, empeltar sobre una altra espècie (l'americana i les seus varietats; *rupestris, lot,* etc) i de forma massiva va ser una tècnica revolucionària i l'única possible per salvar als ceps de la fil·loxera, doncs les arrels d'especies americanes eren resistents. Es varen fer diferent tipus d'empelt; fendits simples (un tall lateral al peu on es posava una vara europea amb punta), fendit ple, una incisió en el centre del peu americà plantat, on es posava la vara europea amb una punta en fletxa, que sortia directament del primer nus de la vara europea, es feia el mateix tipus d'empelt, amb un tall en delta invertit sobre el peu, perquè la fletxa de la vara europea fes un millor encaixament. També es va elaborar un empelt molt simple "omega" doncs el talla a la vara europea es feia amb la forma d'aquesta lletra grega, es feia el buit contrari però de la mateixa forma al peu plantat.

A Bordeus es desenvolupà un empelt de gran difusió al mediterrani occidental "el *cadillac*" que era un empelt de costat, que feia necessari nugar-lo que es va estendre arreu el país. A les comarques de la Marina, el Camp de Túria, la Foia de Bunyol i l'Alcoià- Comtat es va popularitzar un altre empelt de costat "el mallorquí", que prompte va demostrar que era molt adient per als climes mediterranis doncs es va plantar a mes d'ací, al Llenguadoc i al nord d'Àfrica. Es podia empeltar en agost, quan el cep estava mes desenvolupat i es tractava d'empeltar de costa una gema dormida, al mig de la vara americana plantada. La tècnica més important va ser la de la preparació dels esqueixos, Janini va dirigir la lluita des de l'Estació de Viticultura i Enologia de Requena, les vares produïdes en els vivers ("*En los viveros de Chiva - Cheste se harán en 1908 unos 300.000 injertos. En los viveros de Llano, unos 150.000 injertos; la sociedad de labradores de Buñol unos 100.000 injertos por suscripción y entre otros varios se harán 350.000 injertos. De modo que, al primer año de conocido este procedimiento, en la provincia de Valencia, se dispondrá de unos 900.000 injertos. Es de desear que todos los que se dedican a practicarlos, extremen los cuidados para evitar fracasos y por ende desengaños injustificados").* Disposar en un any de 900.000 esqueixos es símptoma de l'esforç que va realitzar la Diputació de Valencia y de la gravetat del problema. Encara avui en dia 900.000 esqueixos és una quantitat enorme.

Dels vivers de la Diputació escampats per totes les comarques, 21 a la província de Valencia, sortiren més de 600.000 esqueixos, a Llíria es produïren els mes eficaços en la relació sol - peu, adient, es tallaven tota la seua llargària i es duien engarbats al pati de l'Estació de viticultura i Enologia de Requena. Allí un nombrós grup de dones que Janini va preparar tècnicament tallaven a mida, els sarments que després es plantarien als bancal per a lluitar contra la fil·l oxera, Janini cronificà la feina:

"Cada cortadora tiene una varita del largo que se fija y que sirve de patrón, de medida. Los trozos de sarmientos para injertar (patrones)

se cortan de modo que los extremos de las partes más gruesas correspondondan al ras del nudo, quedando formado parte del trozo que ha de servir al patrón. Los extremos de las partes más delgada, se cortan a tres o cuatro centímetros sobre el último nudo o donde corresponda a la medida. Esta operación de cortar trozos a medida la hacen las mujeres, provistas de medianas y fuertes tijeras de podar, otras mujeres con iguales herramientas, se ocupan de cortar muy a ras del trozo de sarmiento todas las yemas, de las cuales solo deben quedar las señales".

Janini va ser un avançat a la seva època, doncs aquest treball minuciós que calia fer amb una cura sensible i tècnica, el va encarregar a les dones que sortien de les seues feines domestiques i agràries per primera vegada, aquest treball també va ser una aportació ecònomica a les depauperades economies familiars, els salaris aportats per aquestes dones, que varen preparar centenars de milers d'esqueixos per a la seua plantació en la lluita antifil·loxerica, van ajudar a sobreviure a moltes famílies de viticultors, malgrat l'oposició de forces de la reacció local, dels cacics de Requena (que procuraren explotar l'enveja dels homes sense feina, amoïnats, per la situació produïda per la plaga, a més de la explotació laboral que patien per aquests mateixos cacics) criticant la decisió de Janini de donar aquesta delicada feina a les dones.

Però, Janini, a més de les raons tècniques de donar aquesta feina capital a les dones, era un agrònom il·lustrat i conscienciat socialment del seu deure.

L'empelt sobre vara americana salva la viticultura valenciana, que li costa mes de 35 anys refer la seua superfície vitícola existent al 1870, però, arribar al prestigi i negoci de finals de 1870 li costaria encara mes vuit dècades. Gracies també a Janini que procura empeltar les varietats autòctones valencianes sobre el peu americà en compte d'importar-ne altres *"Considere el agricultor lo que representa para un viticultor obtener caldos que no se parezcan a nuestros monastrelles, mersegueras, garnachas, forcalladas, moscateles, etcétera, etc, y que generalmente tengan gusto aframbuesado y sobrada acidez"*. Si l'actual *ençepament* valencià (baix el concepte de les varietats relacionades amb el territori, del domini vinicola romà, com ben bé ha explicat R. Stummer al seu valuós treball, "Varietats Silvestres"), te una connexió amb el seu origen històric vitícola, és gracies al fet que Janini, dirigí *l'elan* valencià dels viticultors valencians, per a perseverar el patrimoni botànic històric del país.

L'epíleg d'aquesta lluita i la incorporació de les noves tècniques agronòmiques va tindre una cloenda justa, doncs la feina vitícola més avançada la varen fer les dones, que junt amb els nens havien suportat de forma invisible, històricament parlant, les feines de la vinya i la lluita contra la plaga fil·loxèrica.

Capítol IX
Després de l'apocalipsi

Per als viticultors del País Valencia el segle XX comença al 1918 quan la fil·loxera ja s'havia estes fins als últims racons del País Valencia; Aiora, 1915 (La Canal de Navarrès), Castielfabib, 1916 (el Racó d'Ademús), i Camporrobles i Venta del Moro al 1917 i 1916 respectivament (la Plana de Utiel-Requena).

Malgrat que ja feia mes d'una dècada que la fil·loxera s'havia escampat pel país, la replantació de les vinyes va ser molt lenta. Calien les necessàries feines d'arrencament i desfonament, i esperar un any per a fer la plantació del peu americà i un altre per a fer l'empelt, es ben comprensible, doncs, que aquesta plantació amb la nova tècnica de l'empelt sobre un altra espècie, tardés més que les plantacions fetes de productors directes quan la gran expansió vitícola. Una qüestió clau va ser l'encert d'empeltar la varietat europea sobre el peu adient, molts intents fracassaren, i es tardà anys perquè les plantacions funcionaren i sobrevisqueren els ceps. Al quadre adjunt podem veure la dimensió històrica del problema, doncs arribar a la plantació d'abans de l'expansió vitícola costà dècades.

Quadre 9, de plantacions vitícoles postfil·loxerica en ha.

Provincia		Noves plantacions dividides per periode								
	plantades fins 1930	1931-1935	1936-1940	1941-1945	1946-1950	1951-1955	1956-1960	1961-1965	1966-1970	1971-1975	totals
Alacant	69	46	263	519	2.824	6.705	7.903	7.433	5.158	4.215	35.135
Castelló	50	15	110	199	728	1.380	2.483	2.414	1.072	410	8.861
València	12.048	4.803	8.410	7.321	7.704	6.706	9.174	7.451	7.861	9.281	80.759
totals	12167	4864	8783	8039	11.256	14.791	19.560	17.298	14.091	13.906	124.755

Dades obtingudes dels llibres "datos del Catastro Viticola por provincias del Ministerio de Agricultura. Madrid. 1977.

Les dades són del Ministeri d'Agricultura espanyol, (la classificació que s'inicia al 1931 es per províncies, doncs al 1931, encara no existien les denominacions d'origen) i es basa en els seus cadastres vitícoles, fetes *in situ* pels enginyers agrònoms d'abans. Cal senyalar, que en aquests cadastres, i des de el punt de vista vitivinícola, una vinya és registrada, censada i tinguda en compte quan entra en producció, no quan es plantada, per tant, en cada període són censades les vinyes que donen raïm vinificable, per a la qual cosa es tarden com mínim tres anys després de l'empelt, per tant, la plantació real era més que la senyalada al registre vitícola de cada any. Això ens col·loca en la situació d'entendre que un viticultor arranca la vinya al 1909, per donar una data, la deixa erma un any, tarda mes d'un any en empeltar i a l'any que feia sis de l'arrencament, va obtindre la primera i minsa collita de les noves plantacions postfil·loxèriques. Per tant, les 4.864 noves hectàrees censades pel Ministeri d'Agricultura que entraren en producció entre 1931 i 1935, varen ser plantades com a mínim sis anys abans.

Un altra dimensió de la magnitud del problema a què s'enfrontaren els viticultors, es què la quantitat de ceps plantats que entrava finalment en producció en una determinada superfície, era molt inferior a la dels peus americans plantats, (ja ho hem contat adés). La nova i desconeguda tècnica per als viticultors (i també per als agrònoms i científics, doncs dels centenars de diferents tipus de peus americans creats, portaempelts ja batejats, registrats i oferts als viticultors, molts no funcionaren), i dels que funcionaven, calia triar l'adient per a cada sol i per a cada varietat . A la província de Valencia al 1931 hi havien plantades i en producció 12.048 hectàrees, però, s'havien plantat en realitat un total de 12.205 hectàrees de peus americans (portaempelts), es a dir, 157 hectàrees de peus plantats i empeltats no havien funcionat, primer no arribaren ni a donar raïm per a fer vi, i després, es moriren. Aquesta quantitat de 157 hectàrees signifiquen 314.000 peus, portaempelts fracassats, una quantitat que ens indica la magnitud del problema, i que ens pot il·lustra de l'esforç i desesperació dels viticultors que intentaren posar-hi en marxa, de nou, la producció vitícola i no ho aconseguien. A mes 157 hectàrees sobre 12.205 són més d'un 10% d'allò plantat, avui seria tolerable per una nova plantació, per que hi ha de molt de vinyets però, aleshores era un desastre.

A Alacant i Castelló les xifres son també il·lustradores, a Alacant la xifra es mes contundent, doncs, de 112 hectàrees de peus americans plantats, portaempelts, fins 1931, solament 69 en quallaren, és adir 42 en fracassaren, quasi el 40% de les noves plantes.

A Castelló, de les 57 hectàrees plantades se'n sortiren 50, doncs allí es va plantar en més quantitat una solució que finalment no funcionaria, el creuament entre varietats de la espècie americana, els híbrids productors directes, la qual cosa significa un problema històric doncs a la dècada de 1980 calgué arrencar quasi les 10.000 hectàrees de la província de Castelló, doncs els productors híbrids directes

(1), no produïen un vi de qualitat, i ja els científics havien considerat que eren perjudicials a la salut. Vegem doncs que el problema de la fil·loxera i la lluita dels viticultors valencians ha sofert conseqüències històriques fins a dècades després.

La lluita va ser també social, doncs, 2 anys després de que la fil·loxera arribés a l'últim racó del país, (Camporrobles) i el Racó d'Ademús, es crearen les primeres cooperatives a Xest i Torís, per a solidificar la lluita i defensa comuna, no solament contra la crisi sinó també, per les necessitats de defensa financera contra la usura i l'explotació dels cacics i per institucionalitzar l'ajut dels tècnics (agrònoms i "químics", com deien als enòlegs llavors). La creació de les cooperatives acabà agrupant als milers de viticultors que la parceria i l'emfiteusi produïren, a més dels xicotets viticultors d'elaboració casolana. Això significa també, la desaparició de les menudes "bodeguetes" els cellers casolans, ja que la producció es feia als cellers de els cooperatives. La cooperativa de Xest "la Productora Vinícola" més coneguda com La Carabassa, establida al 1937 i la d'Alcubles en 1950 són un bon testimoni

---

(1) El híbrid productor directe era un empelt, no de vara europea sobre peu americà, sinó una associació vegetal dels híbrids productors, de les vares americanes.

d'aquest procés que indica que fins a eixe data l'elaboració es continuava fent al celler domèstic.

El segle XX vitícola, va veure també un progrés, una gran innovació, la creació de les denominacions d'origen. La II República Espanyola crea unes institucions reclamades pels sindicats i els petits viticultors, que el caciquisme agrari amb la seua obsessió del negoci especulatiu havien retingut. El parlament de la república aprova l'Estatut de la vinya i el vi al 1931, i en 1932 es crearen, com conseqüència, les 17 primeres denominacions d'origen entre las quals hi havia quatre valencianes: Alacant, València, Xest i Utiel-Requena. En aquest procés, Pascual Carrión destacava la col·laboració i compromís de Fernando Ibáñez, el primer president de la "*Union de Viticultores de Levante*" que havia pres model i tàctiques de lluita sindical agrària de la Unió de Viticultors de Catalunya, on Francesc Santacana amic de Pascual Carrión, havia fet una lluita gegantina; altres valencians destacats en la consecució de el "*Estatuto de la Viña y el Vino*" (1931) de la II República, varen ser Vicente Lassala i Julio Tarín Sabater (fundador de la cooperativa de Xest, "*La Cheste Vinicola*"). Al 1932 Pascual Carrión (la figura agronòmica mes important d'Europa aleshores, i continuador de la tasca de Janini), publica "*La *mejora de los vinos de Levante"* (2) En reflexionava, 28 anys després del primer brot expansiu fil·loxèric, i 17 anys des que arriba als últims indrets del país (la serra d'Utiel i el Racó d'Ademús) les conseqüències de la reconstrucció de la superfície vitícola del País Valencia *"La reconstrucción del viñedo afortunadamente va bastante bien en la region. Una cosa fundamental que ha llegado ya al animo de los agricultores es realizar siempre un buen desfonde.* (La necessitat de que el cep empeltat tingues una major profunditat que la plantació prefil·loxèrica, 30 cm. mes com hem explicat adés). *Se ha comprendido esto perfectamente ya que dicha operacion supone facilidad para enraizar".*

També reflexionava, com lúcidament i avisadament ho va fer Janini, però, amb la avantatge, de les mes de tres lustres transcorreguts des que s'inicia la reconstrucció i de l'encert de la decisió dels empelts triats, és adir de l'adient combinació

---

(2) Al 1961, Pascual Carrión, un any abans de la seua jubilació va llegir un resum d'aquest treball a la *"Sociedad Valenciana de Agricultura"*. Que aquest aristocràtic i selecte club, honrarà l'intel·lectual i tècnic regeneracionista republicà va ser una bona cloenda de l'èpica històrica de Carrión, que com tants altres al segle XX (un segle violent) haurien de pagar els desficacis i les renúncies històriques de les societats del segle XIX, a Espanya i al País Valencià, especialment la de la restauració. La mateixa *"Sociedad Valenciana de Agricultura"* va publicar un opuscle del discurs de Carrión amb un títol més ample *"La mejora de las viñas y los vinos de Levante"*, referènciat degudament a la bibliografia d'aquest llibre.

de peu americà i vara europea. Carrión deixa escrit al 1931; *"El murviedro x rupestris sirvió para la reconstrucción a primeros de este siglo, como hemos indicado, pero precisamente por llevar mucha savia europea, no ha resistido a la fil·loxera (*la fil·loxera viu encara a les vinyes valencianes menys en las que el seu subsol li impedix els moviments com els subsòls sorrencs), *y hoy no se puede aconsejar a nadie* .

Es preguntava Carrión al 1932, como ho va fer Janini 23 anys abans, quines plantes del País calia replantar?, si era possible salvar, i continuar amb *l'encepament* tradicional valencià.

"¿Qué planta del país hemos de injertar?. Recomiendo la Bobal, con la Garnacha en Utiel-Requena. La Monastrell que era la mas extendida en la region, por que era la base de la exportación de vinos a Francia. Esta nación cuando perdio su viñedo por la filoxera en el ultimo tercio del siglo pasado, necesito llevarse nuestros vinos y lo hizo principalmente de monastrell".

També Carrión, i ja feia mes de 20 anys de la diàspora de viticultors, volia recordar al seu treball les conseqüències de la catàstrofe vitícola, *"Se da el caso de que los agricultores levantinos, con ese deseo de prosperar cuando la filoxera arruïno*

Quadre 10, actual de la plantació de les varietats blanques en les diferents figures de l'origen vinícola al País Valencià

Varietat	Origen	plantació	DO Alacant	DO Valencia	DO Utiel-Requena	VdlT Castello	VdeP Balagueses	VdeP. El Terrerazo
Moscatell d'Alexandria	autòcton	vas	792	2.735	0	0	0	1
Mersseguera	"	vas	528	2.325	40	5	0	1
Malvasia	"	vas	0	1.168	0	0	0	0
Tardana/ Planta Nova	"	vas	0	517	510	0	0	1
Pere Ximenes	"	vas	0	0	135	0	0	1
Macabeu	"	vas	264	436	1.718	21	0	1
Tortosi	"	vas	0	136	0	1,5	0	1
Planta fina/P. de Pedralba	"	vas	3	135	0	2	0	1
Verdil	"	vas	0	31	0	0	0	1
altres autoctones	"	vas	0	125	0	0	0	0
Chardonnay	alòcton	parral	132	23	65	1	1,26	1
Sauvignon Blanc	"	parral	3	5	38	0	1,7	1
Airen	"	vas	396	0	0	0	0	1
Verdejo	"	parral			0	0,5	0	0
totals			2118	7.636	2.506	31	2,96	11

La classificació segons la disposició d'aquesta taula èsta agrupada per majoria de plantació, així, hi ha moscatell i macabeu també, en parral, però al ser la majoria de la seua superficie, d'un 75 % plantada en vas, es classifica tota en vas. La D.O. Utiel - Requena ha aprovat en seu darrer reglament, la incorporació de varietats autoritzades: la verdejo, la xarel·lo i la parellada, entre altres, però, una cosa és estar autoritzada al reglament, i una altra que hi haja ja ceps en produció. A la data d'escriure aquest llibre encara no hi havien produït res.

Quadre 11, actual de la plantació de les varietats negres en les diferents figures de l'origen vinícola al País Valencià

VARIETAT	ORIGEN	plantació	DO Alacant	DO Valencia	DO Utiel-Requena	VdlT Castelló	V. de pago el Terrerazo	V. de pago Balagueses
Boval	autòcton	vas	132	166	28.281	1	63	0
Monastrell	autòcton	vas	8.580	1.219	0	16,24	1	0
Garnatxa	autòcton	vas	528	561	718	5	2	0
Tintorera	autòcton	vas	264	0	583	3	2	5,46
Forcallat	autòcton	vas	0	63	0	0	1	0
Bonicaire	autòcton	vas	0	50	0	12	1	0
Tempranillo	alòcton	parral	660	2.074	5.249	111	2	1,9
C.Sauvignon	alòcton	parral	396	201	411	32	2	0
Merlot	alòcton	parral	264	204	350	12	2	3,12
Syrah	alòcton	parral	264	80	51	7	2	5,84
Pinot Noir	alòcton	parral	3	0	11,5	0	1	0
Altres		vas	0	80	0	0	0	0
Totals			11.091	4.968	35.655	199,24	79	16,32

nuestros viñedos, muchos de ellos marcharon a Argelia y alli han creado explendidos viñedos que han hecho una competencia enorme, arruinando nuestra produccion viticola"

Que unes dècades després, l'impacte de la tragèdia fos tan viva en l'enginyer agrònom mes important de Europa, que va ser director la reforma agrària en la II República a més d'altres importantíssimes i estratègiques aportacions a la viticultura, no és més que una xicoteta mostra del que significa la plaga fil·loxèrica, el xoc social, econòmic, humà que patiren els viticultors que feien unes practiqués tradicionals molt acurades, però, que no impediren, quan un depredador envaí el seu mediambient tradicional la catàstrofe ecològica (que res i no mes que això va ser la fil·loxera) i les seus conseqüències.

Actualment al País Valencià es conreen quasi 70.000 hectàrees, la majoria de les varietats tradicionals, mes algunes importades de l'Europa atlàntica i central (a partir del 1980) i altres provinents del nord d'Espanya (des de 1950). En conreen a més dels sistemes de plantació tradicional, en parral i en molts d'aquestes casos amb rec per gotegi. Les feines agrícoles estan mecanitzades i fins i tot informatitzades, la majoria del vi te a com destinació els envasats i es ven com producte gastronòmic, tal com els francesos ensenyaren ja, abans de l'arribada de la fil·loxera. Aquest cataclisme posa a prova els valors dels viticultors valencians, d'una forma que els actuals no poden arribar a plantejar- se, donat el seu estatus de suport financer i tecnològic, però, la fil·loxera va ser vençuda per aquest esperit de lluita i pel valors culturals de la seua viticultura a més del lideratge d'uns tècnics compromesos amb el territori, el patrimoni vitícola i la societat valenciana. I cal tindre en conter que la fil·loxera esta vençuda però, no pas morta, viu encara als vinyets valencians, llevat dels que siguen de sorra, al costat dels arrels dels peus americans del que es, paràsit simbiòtic, però, no saprofitic, com record a la lluita d'uns valencians amb pràctiques vitícoles tradicionals i de cultura popular, però, no per això menys civilitzada.

Postscriptum

Poc després de morir mon pare, al juny 2010, vaig veure el film de Clint Eastwood, "Invictus" basat en el llibre John Carlin. Em va agradar moltíssim. Clint Eastwood és un gran director, que com John Ford narra les èpiques personals i col·lectives amb realisme i humanisme. El paper de Morgan Freeman com president Mandela, em va omplir d'esperança i satisfacció de veure la grandesa d'un esser humà que liderava al seu poble cap al futur, superant l'enfrontament, les injustícies i la violència del passat. El poema *"Invictus"* que Mandela recita en aquest film, em va colpir, i durant el temps que escrivia aquest llibre, no feia mes que estar al meu cap, com a expressió de la gent, que com Mandela, com els valencians que lluitaren contra la misèria que produí la fil·loxera o el meu propi pare, donaven una resposta positiva i d'elevada dignitat humana front a les adversitats de la vida. Com que no coneixia el poema, ni el poeta, vaig parlar amb el meu editor angles i amic (John Maher d'*Anaconda Editions*) que va ser professor de literatura i historia a la *London University*, i em va enviar el poema i les notes biogràfiques del seu autor, que mes baix es reprodueixen. Com que John es un erudit i un humanista he volgut tancar aquest llibre, amb el meu agraïment per ell, i per a aquest *"Invictus"*, que expressa la gran qualitat de la condició humana dels que, lluitant amb la immerescuda adversitat, donen, sempre, el millor d'ells mateixos i una resposta positiva que engrandeix eixa condició humana.

Invictus

Out of the night that covers me,
Black as the Pit from pole to pole,
I thank whatever gods may be
For my unconquerable soul.

In the fell clutch of circumstance
I have not winced nor cried aloud.
Under the bludgeonings of chance
My head is bloody, but unbowed.

Beyond this place of wrath and tears
Looms but the Horror of the shade,
And yet the menace of the years
Finds, and shall find, me unafraid.

It matters not how strait the gate,
How charged with punishments the scroll.
I am the master of my fate:
I am the captain of my soul.

William Ernest Henley, va ser ★(23 d'agost de 1849 — †11 de juliol de 1903) un poeta anglés, de l'època victoriana. Va néixer a Gloucester, Anglaterra. Va patir tuberculosis, per la que li amputaren una cama i 12 mesos de recuperació a la famosa Infermeria d'Edimburg. Allí va escriure diversos poemes de vers lliure que consolidaren la seua reputació i que van formar part de la bíblia de la poesia. *"A Book of Verses"* (1888). La seua incapacitació física va inspirar el personatge de Long John Silver, el pata de pal, creat pel seu amic d'Edimburg, l'escriptor Robert Louis Stevenson a "l'Illa del Tresor" (1883). Henley y Stevenson col·laboraren en quatre obres de teatre: *"Deacon Brodie"* (1880), *"Beau Austin"* (1884), *"Admiral Guinea"* (1884), y *"Macaire"* (1885).

Altres poemes seus son "Cançó de l'espada" (1892), *"London Voluntaries"* (1893), *"Hawthorn and Lavender"* (1901) y *"In Hospital"* (1903). Aquest últim inclou el seu poema citat, *"Invictus"* (escrit en 1875).

Fou crític i editor de *l'Art Review* (1882-86), i del *Scots Observer* des de 1899. I mes tard *National Observer*. El diari va publicar els primers treballs de Thomas Hardy (1840-1928), George Bernard Shaw (1856-1950), H.G. Wells (1866-1946), Sir James Barrie y Rudyard Kipling (1865-1936). Henley edità (junt amb T. F. Henderson) l'edició centenària dels poemes de Robert Burns.

Invictus

Fora de la nit que em cobreix,
Negra com l'abisme de pol a pol,
Agraesc a qualsevol déu que poguera existir
per la meva ànima inconquistable.

En les feroces urpes de les circumstàncies
Ni m'he lamentat ni he donat crits.
Baix els colps de l'atzar
sagna el meu cap, però, no s'inclina.

Més enllà d'aquest lloc d'ira i de llàgrimes
és imminent l'horror de l'ombra,
I malgrat l'amenaça dels anys
Em troba, i em trobarà sense por.

No importa com d'estreta siga la porta,
Com carregada de càstigs, la sentència.
Sóc l'amo del meu destí:
Sóc el capità de la meva ànima.

William Ernest Henley

VALENCIANS CONTRA LA FIL·LOXERA
(Pràctiques vitícoles tradicionals i innovacions agronòmiques)

Bibliografia

-**Académie Suisse du Vin.** Nº 32 maig 1993. La Petite-Grave (Suïssa).

-**Ancient wine: The search for origins of viticulture.** Patrick E. Mc Govern. Princenton University Press. Pricenton, 2003.

-**Agricultura General y Gobierno de la casa de campo, 1765-1768.** 8 vols. Josef Antonio Valcarcer. València, 1791.

-**Alicante en el siglo XVIII: economía de una ciudad portuaria en el antiguo régimen.** Enrique Giménez Lopez. Institució Alfons el Magnànim. València 1981.

-**Agronomía y Fisiocracia en España (1750-1820).** Ernest Lluch, Lluis Argemi. Institució Alfons el Magnànim. València, 1985.

-**Arte de hacer el vino.** Cadet de Vaux. Traducción de Manuel Pedro Sanchez Salvador y Berrio. Imprenta Viuda de Longas. Pamplona, 1803.

-**Bordeaux its wines, and the claret country.** Charles Cocks. Printed, Longman, Brown, Green, and Longmans. Paternoster-Row. London,1846.

-**Camp i ciutat a les hortes valencianes.** Roland Courtot. Edicions Alfons el Magnànim. València, 1992.

-**Catastro vitícola y vinícola, 1977-1978.** D.O,s Ampurdán, Penedés, Alella, Tarragona, Priorat, Alicante, Utiel-Requena, Valencia, y provincias de Lleida, Barcelona, Menorca, Mallorca, Ibiza y Formentera, Castellón, Valencia, Alicante. INDO. Ministerio de Agricultura. Madrid, 1978.

-**Costumari botànic (2).** Joan Pellicer. Edicions del Bullent. Picanya (València), 2000.

-**Crecimiento comercial y enriquecimiento burgués en la Valencia del siglo XVIII.** Ricardo Franch. Institució Alfons el Magnànim, València, 1986.

-**Datos reunidos para la reconstrucción de los viñedos valencianos destruidos por la filoxera.** Rafael Janini y Janini. Servicio Viticola de la Excma. Diputación Porvincial de Valencia. Establecimiento Tipográfico Francisco Vives. València, 1911.

-**Directorio de la producción, comercio y exportación de vinos, alcoholes, vinagres y licores, y de las industrias conexas , asi como de las principales casas extranjeras importadoras de vinos y espirituosos** Ediciones de La Semana Vitivinicola. Valencia 1952-1953.

-**Descripción Geográfica del Reyno de Valencia.** Josef Castelló. Diputació de València. València, 2000.

-**Diccionario critico Etimologico Castellano - Hispanico.** Joan Coromines. Gredos. Madrid, 1991-2000.

-**Diccionario geografico – estadistico - historico de Alicante, Castellon, Valencia.** (2 volumenes). Pascual Madoz. Edicions Alfons el Magnanim. Institució Valenciana d'Estudis i Investigació. València, 1987.

-**Dictionnaire Encyclopédique des Cepages.** Pierre Galet. Hachette Livre, Paris 2000.

-**El consultor ferroviario.** Jesús Giménez. Ext. Tip. de Ambrosio Perez. Madrid, 1902.

-**Ensayo sobre las variedades de vid común que vegetan en Andalucía.** Simon de Roxas Clemente. Imprenta Villapando. Madrid, 1807.

-**El Libro del viticultor.** Eduardo Albela y Sainz de Andino. Manuel

J. Hernandez. Madrid, 1885.

-**El Reino de Valencia en el siglo XVII.** James Casey. Siglo XXI Editores,. Madrid, 1983.

-**El vino: Atlas mundial de vinos y licores.** Editorial Blume. Barcelona, 1977.

-**El Vino y la Viña, Geografía histórica de la viticultura y el comercio del vino.** Tim Unwin, Tusquest Editores. Barcelona, 2011.

-**Els homens i la terra del País Valencià (segles XVI-XVII)** 2 volums. Manuel Ardit. Curial edicions, Barcelona 1993.

-**El cicle de la vida, ritus i costums dels alacantins d'abans.** Mª del Mar Duque Alaman. Edicions del Bullent. Picanya (Valencia), 2003.

-**El Patrimoni històric comarcal.** II Congrés d'estudis del Vinalopo, diversos autors. Centre d'estudis locals del Vinalopó. Petrer (Alacant), 2005.

-**Els pobles valencians parlen els uns dels altres.** (5 vols.). Manuel Sanchis Guarner. Eliseu Climent edit. Valencia, 1982.

-**Els processos migratoris a les terres de parla catalana. Actes del VII Congrés de la CCEPC.** Coordinadora de centres d'estudis de parla catalana. Institut Ramon Muntaner. Federació instituts d'estudis comarcals del País Valencià, Universitat de València, Acció Cultural del País Valencià, Cossetània edicions, Valls 2009.

-**El vino trago a trago.** Xavier Domingo. Penthalon Ediciones. Madrid, 1981.

-**Els Valencians d'Algèria (1830-1962).** Àngela – Rosa Menages, Joan-Lluis Monjó. Edicions del Bullent. Picanya (València), 2007.

-**Els vins de Catalunya** Jaume Ciurana. Generalitat de Catalunya. Barcelona, 1979.

-**Els Vins de l'arc mediterrani, d'Alacant a Montpeller.** Joan C. Martin. Edi. Portic-62. Barcelona, 2009.

-**Els vins valencians.** Juan Piqueras. (cata de los vinos seleccionados por Joan C. Martín) Universitat de Valencia. Secretariat de publicacions, Valencia 1983.

-**Enología práctica, conocimiento y elaboración del vino.** Emile Peynaud. Ediciones Mundi-Prensa. Madrid,1977.

-**Encyclopedie du Vin.** Jancis Robinson. Hachette Livre. Paris,1997.

-**General Viticulture.** Albert Julius Winkler. University California Press. California, 1975.

-**Gran Enciclopedia de la Comunidad Valenciana.** 17 volumenes. Editorial Prensa Ibérica. Valencia, 2005.

-**La crisis agraria de finales del siglo XIX.** Ramon Gabarrou ed. Editorial Crítica, Barcelona,1998.

-**La fisiología del gusto.** A. Brillat-Savarin. E. Iberia. Barcelona, 1979.

-**La mejora de las viñas y los vinos de Levante.** Pascual Carrión y Carrión. Sociedad Valenciana de Agricultura. Valencia, 1961.

-**La mesa moderna.** Dr. Thebussem. Editorial Laia. Barcelona 1986.

-**La vid y el vino en Alicante.** Varios autores. Canelobre. revista nº 54 (invierno 2008-2009) del Instituto Alicantino de Cultura, Juan Gil Albert. Alicante,2009.

-**La vid y el vino, en el País Valenciano.** Juan Piqueras. Ins. Alfons el Magnànim. Valencia, 1982.

-**La Vid y los vinos españoles.** Miguel Comenge. CD. Form S.L. Madrid, 2005.

-**La Vitivinicola Saguntina.** Periódico quincenal dedicado al fomento de los intereses agrícolas órgano de la sociedad del mismo nombre. Sagunt,

1887: nºs 1 del 15 de marzo de 1887, 11 del 15 de agosto de 1887, 12 del 1 de setiembre de 1887, 13 del 16 de setiembre de 1887.

–**L'encyclopédie Mondiale du vin.** Tom Stevenson. Flamarion. Paris, 1989.

–**Le Materiel Viticole.** R Brunet. Libraire J.-B. Baillière et fils. Paris, 1910.

–**Los mejores vinos y vinateros Valencianos.** Joan C. Martin. Editorial Denes. Paiporta (Valencia), 2010.

–**Manual de los vinos de Cataluña.** Miguel A. Torres. Ediciones Penthalon. Madrid. 1982.

–**Manual para viajeros por los reynos de Valencia y Murcia y lectores en casa.** Richard Ford. Edi. Turner. Madrid, 1982.

–**Manual de Vinos Españoles.** José Peñín. Penthalon Ediciones. Madrid, 1980.

–**Manual de vinos valencianos.** Joan C. Martín. Edi. Huguet. Valencia, 1986.

–**Manual de viticultura.** M Chauvet y A Reyner. Edi Mundiprensa. Madrid, 1983.

–**Memoria sobre los vinos y su destilación y sobre los aceites.** Jose Roura. Imprenta de J. Oliveres y Gavarrò. Barcelona, 1839.

–**Observaciones sobre la historia natural, geografia, agricultura, población y frutos del Reyno de Valencia.** 2 vols. Antonio Josef Cavanilles. E. Albatros. València, 1985.

–**Relación de los trabajos hechos desde agosto de 1906 a diciembre de 1907.** Rafael Janini y Janini. Servicio Viticola de la Ecma. Diputacion Provincial de Valencia. Imprenta Francisco Vives. Valencia, 1908.

–**Registro nacional de envasadores y embotelladores de vinos y**

bebidas alcohólicas. La Semana Vitivinicola. Valencia 1975.

-**Reseña historica de la Ciudad de Alicante.** Nicasio Camilo Jover, Librerias Paris-Valencia, Valencia, 1982.

-**Reseña Histórica de la villa de Beniganim.** Jose V. Benavent i Alapont. Editorial Denes. Paiporta (Valencia), 2010.

-**Revista de Estudios Comarcales.** Instituto de Estudios Comarcales. Hoya de Buñol-Chiva. Garmas Impresores. Buñol,.

-**Temes d'etnografia valenciana nº 2** "Joan F Mira". Autors F. Palanca, F. Martinez. Edicions Institució Alfons el Magnànim. València, 1991.

-**Tratado de viticultura general.** Luis Hidalgo. Ediciones Mundi-Prensa. Madrid, 2002.

-**Valencia Land of Wine.** Joan C. Martín. Edi Anaconda. London, 2007.

-**Viaje por España.** Ch. Davilleres y Gustavo Dore. Adalia. Madrid, 1984.

-**Viatge pintoresc i històric.** Aexandre Laborde. Publicacions de l'Abadia de Montserrat. Barcelona, 1974-1975.

-**Viña y vinos.** Miguel A. Torres. Editorial Blume. Barcelona, 1977.

-**Wine & Phhilosophy.** Firt Allhoff, edited. Blakwell Publishing. UK, 2008.

-**Wine Siciencie.** Ron S. Jackson. Academic Press Inc. San Diego (California), 1994.

-**Zinfandel, A history of a grape and its wine.** Charles L. Sullivan. University California Press. Berkeley (California), 2003.

www.ingramcontent.com/pod-product-compliance
Lightning Source LLC
Chambersburg PA
CBHW072045160426
43197CB00014B/2636